CHANGE THE WORLD

改变世界（三）

中国杰出企业家管理思想精粹

苏　勇／主编

王基铭　周健工　赵纯均　陆雄文　秦　朔｜联袂推荐

企业管理出版社
ENTERPRISE MANAGEMENT PUBLISHING HOUSE

图书在版编目（CIP）数据

改变世界：中国杰出企业家管理思想精粹. 三 / 苏勇主编.
-- 北京：企业管理出版社, 2018.6

ISBN 978-7-5164-1724-9

Ⅰ. ①改… Ⅱ. ①苏… Ⅲ. ①企业管理—中国—文集 Ⅳ. ①F279.23-53

中国版本图书馆CIP数据核字(2018)第110317号

书　　名： 改变世界（三）：中国杰出企业家管理思想精粹
主　　编： 苏　勇
责任编辑： 徐金凤　黄　爽
书　　号： ISBN 978-7-5164-1724-9
出版发行： 企业管理出版社
地　　址： 北京市海淀区紫竹院南路17号　　邮编：100048
网　　址： http://www.emph.cn
电　　话： 编辑部（010）68701638　发行部（010）68417763　68414644
电子信箱： emph001@163.com
印　　刷： 北京联兴盛业印刷股份有限公司
经　　销： 新华书店
规　　格： 170毫米×240毫米　16开本　13.75印张　200千字
版　　次： 2018年6月第1版　　2025年3月第3次印刷
定　　价： 88.00元

《改变世界（三）：中国杰出企业家管理思想精粹》

编委会

序言：企业家是社会的宝贵财富

《改变世界（三）：中国杰出企业家管理思想精粹》问世了。本书收录了项目研究团队在2017年访谈罗康瑞等七位中国杰出企业家的精彩对话，内容颇为丰富。其中，既有企业家们对率领企业多年来一路发展的感悟，也有对如今新时代企业如何良性发展的深层次思考。在中国经济从外延式发展转型为内涵式增长的过程中，更加注重科学、全面发展的当下，读来发人深省。

在一个经济结构健全的社会中，企业是社会主要的经济创造主体。而企业的掌舵者——企业家，无疑是社会的宝贵财富，同时也是一种极为重要的稀缺资源。企业家是一个社会中的优秀群体，他们具有极强的创新特质、资源整合能力和拼搏精神，能够敏锐地感知社会发展趋势和消费者的未来需求，各国市场经济发展的实践证明，其在经济发展中的作用不可或缺且不可替代。中国改革开放40年，商海惊险，大浪淘沙，无数企业“各领风骚三五年”，由于各种原因而折戟沉沙。但就是有一批杰出企业家，他们带领广大职工筚路蓝缕，艰苦奋斗，整合各种资源，努力开拓创新，克服了一个又一个困难，创造出一个又一个新产品，满足消费者日益增长的新需求，并为国家提供了大量税收，为社会创造出巨大财富和价值。

法国经济学家萨伊最早提出企业家这一概念。在1803年出版的代表作《政治经济学概论》一书中，萨伊研究了人类财富是怎么被创造出来的，又是怎么被分配、使用的问题。他提出，财富的创造除了靠土地资本和劳动等要素禀赋之外，还需要一个要素，那就是带有很强冒险性的企业家。这些企业家，仅仅根据自己的冒险精神和对经济活动效果的判断，就进行相关要素的投入或组合，这种投入和组合在经济活动中起到了极为重要的作用。

而如今影响最大的则是奥地利经济学家熊彼特的定义。熊彼特认为，企业家的工作是一种“创新性破坏”，即打破原有的经济活动均衡，引入新的经济要素。熊彼特把这种“创新性破坏”的活动归纳为5种：①采用某种新产品或某种产品的新特征；②采用一种新的生产方法；③开辟一个新市场；④获取或控制一种原材料的新来源；⑤实现任何一种工业的新组织。熊彼特睿智地指出，企业家最本质的功能是经济体的搅动器，它防止经济活动落入成规而死气沉沉。企业家天生有破坏静态均衡状态的倾向，因为，这是一个成功的创新所必需的。换言之，企业家在经济活动中天生就是一个不安分的角色，他时时想着如何突破现状，在均衡与非均衡状态中实现螺旋式发展。而正是因为这种在经济活动中天生不安分、不满足的创新精神，才有了成功企业的管理创新、商业模式创新、产品创新和服务创新等全面的创新活动，才能使企业在充满惊涛骇浪的茫茫商海中，冲过一个又一个急流险滩。

美国著名的经济学家威廉·鲍默尔指出：“对一个商业活力不足的经济体而言，推动经济发展的第一要务，是要促使出现一个企业家精神供给不断增加的局面，这将释放该国的经济活力。”2017年9月颁发的《关于营造企业家健康成长环境弘扬优秀企业家精神更好发挥企业家作用的意见》明确指出，企业家是经济活动的重要主体，并用36个字对弘扬优秀企业家精神提出要求，即弘扬企业家爱国敬业遵纪守法艰苦奋斗的精神、创新发展专注品质追求卓越的精神、履行责任敢于担当服务社会的精神。这三种精神的提出，不仅使企业家精神内涵更加丰富，且在当今中国的情境下为企业家进一步“正名”。本来，企业家就应该比一般商人和管理者具有更高层次的追求，要盈利但不以盈利为唯一目的，还要为社会创造价值和履行社会责任。这种高层次追求就体现在这三种精神之中。唯有如此，才当得起“企业家”这个称号。

中国企业正在大踏步走向世界，一批中国企业家也正在迈向世界舞台。以中国为代表的东方管理思想和智慧正在获得全世界认可。为此，复旦管理学奖励基金会、复旦大学东方管理研究院和上海第一财经电视频道合作，从2014年年底开展“改变世界——中国杰出企业家管理思想访谈录”大型研究项目。迄今为止，已经访谈了25位中国企业家，出版了3辑《改变世界——中国杰出企业家管理思想精粹》（其中第一辑已在台湾地区出版繁体字版）和9本“改变世界——中国杰出企业家管理思想研究”丛书，并且已有三季共23集电视专题片在“第一财经”电视频道和“腾讯视频”等媒体多次播出，这些成果问世后广获好评，产生很大的社会反响。本项目第一季还获得“上海市第十一届中国特色社会主义理论体系研究和宣传优秀成果二等奖”。尤其可喜的是，在2017年的研究访谈中，还首次将视角伸向中国内地（大陆）之外，我们访谈了香港著名企业家、瑞安集团主席罗康瑞先生和台湾著名企业家、“微笑曲线”理论提出者、宏碁集团创始人施振荣先生。这两个访谈弥补了以往研究仅限于中国内地（大陆）企业家的不足。

习近平总书记指出：“我们的哲学社会科学有没有中国特色，归根到底要看有没有主体性、原创性。跟在别人后面亦步亦趋，不仅难以形成中国特色哲学社会科学，而且解决不了我国的实际问题。”作为管理学的研究者，我们将努力响应习近平总书记的号召，为世界贡献东方企业家的管理思想和智慧。我们将克服研究过程中的种种困难，矢志不渝，砥砺前行，为构建中国特色的管理学理论做出我们的贡献。

苏 勇

复旦大学管理学院教授

复旦大学东方管理研究院院长

2018年5月

目 录

经典语录

●管理亦咏春，要“拿中线”，要“万变不离其宗”。

——瑞安集团主席、香港贸发局主席　　罗康瑞

●作为一名商业银行的管理者，永远不能忘记审慎、稳健。把风险留给未来的银行管理者，不是真正的银行家。

——中国—中东欧金融控股有限公司董事长、
中国工商银行原董事长　　姜建清

●在大风大浪中行船，做得好乘风破浪；做得不好，就会被大浪吞没。做投资也是一样。

——高瓴资本创始人　　张　磊

●没有担当精神，能干成什么事？

——中国石油化工股份有限公司原总裁、
中国工程院院士　　王基铭

●关注生命的质量、长度、意义，这不单单是我们的价值观，也是我们的人生观。

——华大基因董事长　　汪　建

●企业经营犹如一场下不完的棋。

——宏碁集团创始人、董事长　　施振荣

●吸取诺基亚的教训，我们把封闭垂直整合策略变为开放平台战略，这一次我们改变了！

——比亚迪集团董事长　　王传福

罗康瑞

远见卓识　稳扎稳打

主 持 人：陆雄文　教授、博士生导师、复旦大学管理学院院长

访谈对象：罗康瑞　瑞安集团主席、香港贸发局主席

访谈时间：2017-02-16

访谈地点：上海新天地

陆雄文：罗先生，非常高兴您能接受“改变世界——中国杰出企业家管理思想访谈录”栏目组的访谈。我们原来关注更多的是内地企业家，但这次想把大中华优秀的杰出企业家都包括进来，您是香港特别行政区第一位接受访谈的企业家，谢谢！

罗康瑞：非常感谢！

陆雄文：最近政府加强了对中国房地产市场的调控，很多房地产企业家非常担忧。您怎么看待房地产市场的走势？

罗康瑞：目前，政府对房地产的调控措施是非常严厉的，我完全能够理解，因为2016年年中的时候，房价涨得太快、太猛了，所以要做一些调整。

陆雄文：在这种形势下，瑞安有哪些大的战略上的考虑？有没有一些应对的策略？

罗康瑞：策略肯定是需要调整的。因为十几年前我们就买了很多地，但是带来了一个问题，这些土地不能一次性开发，如何计算成本？还有代征的土地增值税。当然，赚钱交税是合理的，但是长期回报就不那么理想，所以整体开发形式上做了一些调整，主要是走轻资产的路线，像新天地、创智天地这些品牌是非常受市场欢迎的，利用这些品牌去制造机会，像小股操盘一样，回报就会比较理想。

陆雄文：要用您成功的商业模式、管理经验和品牌影响力，结合一些资本共同开发，大家共享收益。

罗康瑞：对。

罗康瑞（左）接受陆雄文采访现场

陆雄文：瑞安现在有三种模式的地产项目：第一种类似新天地，是在城市中心建的综合商业生活设施；第二种类似创智天地，是以知识创新为核心的创新园区；第三种类似虹桥天地，是以交通枢纽为特色的办公商业设施。这三种模式是否都成熟了，是否都可以复制到其他城市去开发？

罗康瑞：成熟了，但在市中心旧区重建这部分，我们比较小心，因为动迁有很大难度。虽然我们现在比较规范，但是时间拉得很长，一开始投进去的资金和产品成本会受到市场竞争力的冲击。我非常看好创智天地，13年前开始在上海打造，主要是看到我们国家未来肯定是需要创新和创业的。现在政府大力推动“双创”战略，我们刚好有这方面的经验，创智天地是以美国硅谷、巴黎左岸作为学习范本的，旨在通过营造一种居住环境、一种居住气氛和一种居住生态，激发年轻人的创新热情，能够不断地去尝试创新。

陆雄文：让创业的门槛低一点，吸引年轻人先进来尝试，然后让他们发展起来。

罗康瑞：因为创业不容易，创业者中90%以上是一定会失败的，我们应该把环境营造好，让成功的机会大一点。

陆雄文：像创智天地这种模式，今天来看是非常成功的。其实，13年前很多人不理解，您也经历了很长时间的痛苦等待，投入了大量资金，十多年没有兴旺起来，最近应该说回报很明显，这样的模式有没有可能复制到其他城市呢？

罗康瑞：肯定会的，现在全国都在走“双创”这条路，创智天地是完全配合国家政策的，所以现在邀请我们去的城市很多。但是我们还是比较小心的，要考虑挑哪些城市、城市的哪个地段能够做好这样的环境。首先很重要的一条，是要在高校旁边，上海的创智天地紧邻复旦大学，周边还有其他多所学校，高校资源是非常重要的。因为你要创新，肯定是需要有高校作支撑。当然，现在很多年轻人比较喜欢在社区的环境中生活、工作，我们也在考虑是不是能配合起来。我现在有一个新的想法，是将新天地和创智天地合在一起，大家都来新天地休闲、消费，成为提升生活质量的一部分，又放在知识社区内，这样，生活、工作、休闲、学习、创业、创新就都在一起，这是现在年轻人的追求。

陆雄文：我前几天去了创智天地，里面有一个Club，不了解具体是什么，进去后发现有很多人在里面自由地租赁办公室，空间非常弹性，又很休闲、放松，很多年轻人可以聚在一起讨论。

罗康瑞：这就是其中的一个概念，将来我们还可能在新天地旁边也建一个Club，比如做金融的，做房地产的，做市场推广的，让他们在那里能够聚集碰头，交换意见。今天的世界也需要这些，世界变得那么快，需要这样的环境，让大家见面的时候能够轻松一点，还可以交换意见。

陆雄文：这个概念一定有吸引力，把生活、学习、创业都整合在一起，将来不会再分新天地、创智天地，或者是虹桥天地，而是以“天地”为大品牌了。

罗康瑞：对，以“天地”为主。生活节奏那么快，需要在同一个时间把很多事情都放在一起。

陆雄文：瑞安最早是以动迁、旧房改造起家的，早期为政府做了很多工作。城市化以后，旧城改造越来越难，拆迁成本越来越高，政府在这方面好像也很难有大的作为。从这个意义上讲，您现在做的这些“天地”项目，规模都比较大，又在市中心，下一步会不会有一些瓶颈和障碍？如何去克服？

罗康瑞：我们现在放弃了一做就要一百多万平方米建筑面积的方式。

项目希望小一点，但也需要一定的规模，能够将刚才谈的元素都放在一起，产生集聚的力量，需要一定的体量。同时希望开发的周期短一点，三五年就做完。

陆雄文： 这是一个重要的战略调整，因为在我印象中您一直是个有远见的企业家，看问题、选项目都是看10年、15年。

罗康瑞： 我是看得比较远。

陆雄文： 从这个意义上来讲是好的，但可能也会碰到一些形势变化带来的短期影响。

罗康瑞： 对企业的经营是有很大压力的。

陆雄文： 作为上市公司来讲，对股东要有回报，对资本市场也要有交代，资金的周转速度等各方面都要考虑。这要求企业家凭借个人远见和长期战略去盈利，但受政策影响，不得不去压缩开发周期，包括要减少负债率，增加弹性和灵活性，这是一个很重要的战略调整。

罗康瑞： 是个很大的调整，但我们调整的节奏是很慢的。

陆雄文： 如果您再主政瑞安十年，觉得在整个发展中有哪些方面需要进一步调整和改进，比如战略、公司治理、组织结构、人力资源政策、风险管理等？

罗康瑞： 要改进的当然是投资组合，如何去平衡长期和短期。过去，我们太着重长期，现在资产有一千多亿元，很庞大，但是很多都没有短期的利润贡献，需要平衡。另外，我对目前世界形势有很多担忧，虽然房地产是本土行业，但是中国作为世界第二大经济体，肯定会受到外围的影响，希望能够更加稳健地经营。还有就是要重视社会效益，不只是赚钱，还需要管理团队能够有这样的态度。

陆雄文：您接触过的房地产企业家中，内地的房地产企业家和香港地区的相比有哪些优势？或者有什么差异？内地企业家要向香港地区的企业家学习什么？

罗康瑞：其实我觉得内地的开发商有很多都是非常了不起的，像万科，能通过20多年的发展成为全世界最大的房地产开发商，能在那么短的时间内取得如此大的业绩，这在全世界都是罕见的，香港地区非常成功的企业也没有这么快的增长速度，因为市场太小。

陆雄文：所以，近二十年，很多香港地区的房地产企业家都到内地来发展。

罗康瑞：但需要调整经营方法，从香港地区过来的房地产开发商在内地做得很成功的没有多少。

陆雄文：您现在大部分项目是在内地，觉得自己更像是内地的企业家，还是更像是香港地区的企业家？

罗康瑞：在管理方面，应该比较像香港地区的，国际化一点。但是在开发方面，我希望能够尽量配合内地的发展需要，因为房地产是一个本土行业，如果想把在香港地区和在其他地方的经验直接搬过来，肯定是不会成功的。

陆雄文：您刚才讲到内地的房地产发展非常迅速，又是本地化的产业，要和当地的政策环境、文化环境，以及整个城市的发展水平相关，以此来设计更好的产品，然后销售。在建立政府关系方面您有非常好的经验，能不能和我们分享一下？

罗康瑞：每次做投资，我总是想能为当地社会和政府做什么，能为他们带来什么、贡献什么，不只想自己能赚多少，这点非常重要。我在内地投资超过30年，很多政府官员和朋友都知道我做事、做人是怎样的，大家也都比较放心，支持我们去做。就像刚才说的20年前打造新天地，13年前开始做创智天地，这些都是配合上海未来发展的需要。我是比较超前的，判断下来说需要这样的配套设施，就下决心把它做了，虽然也吃过很多的苦头。

陆雄文：是因为政府官员不理解还是政策使然？

罗康瑞：就拿创智天地为例，我们要打造的是创业创新，但在十多年前，很多人不一定能够理解为什么要这样做。为什么会挑在杨浦做，因为这里有14所高校，包括在大学路，我希望交通是慢的，让大家可以坐在路边喝杯咖啡，有种休闲的感觉。但是，交通部门就认为马路应该快一点，导致整个气氛就不一样了，需要时间去协调。

陆雄文：在您的支持下建设了复旦大学管理学院新院区，等建完后，那里一定会更加繁荣。

罗康瑞：我相信复旦大学管理学院在那里会是一个非常重要的角色。大家去创业，管理学院可以去培养人才，这是非常重要的。初创企业为什么会失败，因为没有经验，不知道企业发展的过程是怎么样的，如何去推广，如何做预算，管理学院可以传授这些知识。

陆雄文：您说创业者中90%都会失败，以您的经验来讲，觉得怎样才能提高创业成功的概率？您年轻的时候没有回到家里参与家族企业的经营，而是借爸爸的钱创业，一定经历了很多的艰辛。现在回过头去看，当时做了哪些准备，哪些又准备不足？

罗康瑞：我创业之所以能够成功，主要就是因为我不能失败。创业是一个比较艰苦的过程，我念书后回家给爸爸打了两年工，坦白说做得很不开心。因为公司始终是一个非常家族式的，当时我的哥哥、姐姐已经在公司工作，我每天也不用做什么重要的事情。两年后，我就决定到外面找一份工作。

陆雄文：您把他们给“辞掉”了。

罗康瑞：他们很生气。妈妈说：“你要是不愿意给爸爸打工，你就自己去创业。”我说：“没经验，怎么去创业？”她就很坚持。妈妈一直和爸爸有争议，一定要支持我去创业，最后说服了爸爸，借了我十万块钱去做一家建筑公司。其实，我对建筑公司是没兴趣的，爸爸说：“你去做建筑，我就给你第一个项目。”有一次，我经过他房间，他在和妈妈争议是否支持我创业，爸爸说了一句：“算了，这个儿子没用的，不要浪费时间和精力。”这句话我永远记在心上。虽然爸爸对我没信心，但还是支持我，借钱给我，但因为这句话，我下定决心，创业一定不能失败。创业的头几年，我没有休息过一天，每天工作不少于16个小时，这也不一定是成功的基础。但决心很重要，年轻人更重要的是要了解自己，知道自己为什么要去创业，知道自己能做什么，不能做什么，勤奋工作，能够吃苦，相信自己。

陆雄文：您在创业早期有没有想过放弃？

罗康瑞：没有，做了两年的建筑行业后我就知道不能长期做这个。那时，我做了一些调研，全世界只做建造工程的公司没有多少家是成功的，那时候我就想，将来公司如果不需要自己管理还能够正常运营，才是真正的成功，这是一个非常重要的决定，我将管理系统、架构、制度都带进来，培养人才，公司发展得一直都非常好。

陆雄文：所以您在很早时期就意识到要做一个长期的，甚至是百年的企业，必须要建立完整的、现代的组织架构以及良好的治理体系，这也是为什么您后来请了很多职业经理人来帮忙的原因，是吗？

罗康瑞：对，公司初创的时候只有五个人，也没办法去招聘有经验的或者有很高学历的人来参加，因为都不看好我。大家都知道我是富二代，认为公司不会维持太长时间。但是我坚持了下来，营造了这样的一个环境吸引人才，留住人才，这对企业长期发展是非常重要的。

陆雄文：听过很多房地产企业家的成功故事。如您所说，房地产是有周期的，他们有远见，有魄力，在低谷的时候，别人不看好的时候买进，涨得很高的时候抛出，做得很漂亮，这样几轮后，就超越了很多人，也比别人做得大得多。这说的好听叫胆识，中性一点的话其实是一种赌性，就是敢冒险。我想您也有过这样的经验，做新天地的时候，大多数人，甚至一半以上的高层董事都反对您，但您毅然决然，力排众议。您觉得这个成功是因为在做了很多研究基础上的理性思考，还是说真的是"赌"了一把，把您一半的资产都赌在这个项目上？

罗康瑞：做生意不能只靠赌的。为什么在那个时间做这样的决定？20世纪90年代的房地产行业非常低迷，但我看好上海的未来，因为房地产一定是和城市未来的发展挂钩的。城市有发展，房地产就一定会升值。当时我就看好上海会成为国际金融中心。而作为一个国际金融中心，二十年前的上海还欠缺很多的配套设施，尤其是在生活质量方面，我觉得还有很大的差距。所以就想打造出一个地块，让大家能够来休闲，和朋友在这里见面。当时因为新天地旁边是中共一大会址，政府要求一定要保留石库门，不能建高楼。所以就有了一个突破性的考虑，怎样才能既可以把石库门保留下来，还可以转变它的功能，新天地的概念就是这样出来的。

陆雄文：这是一个杰作，在旧城改造中保护并揭示出上海传统的、富有悠久历史的国际化都市的文化，又和城区发展联系在一起，可以说在世界范围里都是杰作。当时您有没有想过，万一赌输了会怎么样？

罗康瑞：当然想过，我记得很清楚，最后要拍板的时候，我问财务董事："要是这个项目失败了，我会不会破产？"他说："肯定不会。"我说："好，那就做吧！"

陆雄文： 从这个意义上来讲，您不是简单地去赌，猜大小，而是做了很多研究，有前瞻性的思考，有比别人强的未来预见能力，看得更清晰。反对的人只是没有看清大的形势，以及这个地块的特殊条件。

罗康瑞： 没有了解到上海未来作为国际大都市需要些什么样的配套。

陆雄文： 所以您这个“赌”还是有理性研究作为基础的。

罗康瑞： 我从来没有认为这是赌的，我一直非常有信心，觉得一定会成功。当然，为防万一，我才问了财务董事这样一个问题。

罗康瑞先生

陆雄文： 底线守住了，也就不怕输，不怕失败，做生意不可能永远都成功。

罗康瑞：其实说起来，我十万港元起家创业，到今天公司一千多亿港元的资产，肯定是有很多转折点要我做出重要的判断和决定。就好像在20世纪80年代，很多人因为中英谈判，对香港的前景失去了信心，纷纷离开。但那个时候我就买了香港瑞安中心的地段，是很好的位置，但是很便宜，现在资产就翻了几番。再比如20世纪90年代投资内地，那个时间房地产处于低潮。

陆雄文：您给人的印象总是非常低调，又非常谦和儒雅，很有自己的思想，不管是在演讲还是采访中，都有独到见解。您觉得作为一个在中国香港成长、在澳大利亚留过学，又到内地来打拼的企业家，在管理思想、管理哲学方面，您是更多地偏向西方的思想体系，还是东方传统的文化伦理？

罗康瑞：我觉得应该是东西方文化结合在一起吧。我在国外念书，肯定受西方教育的影响，但是我很推崇自己中国的文化。在我成长的过程中，爸爸总是用中国文化来教导我，他虽然非常严厉，但是言传身教，这点我非常佩服。给你举一个例子：爸爸也算是一个成功的生意人，我在国外念书暑期回来的时候，他要我和他去上班，但却把自己的车放在家里，带我去坐电车，要让我明白一般人的生活是怎么样的。

陆雄文：告诉您这些好的条件是要靠自己去创造的。

罗康瑞：我觉得他太伟大了。还有就是我到国外念书，让我坐船，而不是坐飞机，说年轻人要锻炼一下，我就坐了一个小小的六千吨的货船，整整吐了13天，一下子就醒过来，原来生活是这样的。

陆雄文：所以在您的成长中，您的父亲提出很多严厉的要求，有时候也不看好您，其实都是一种鞭策。

罗康瑞：还有爸爸做事的态度，勤奋，一丝不苟，力争做到最好，这些给我影响非常大，也是我现在管理的一些方法。当然，只用这套文化，不一定能够完全成功，也要带进一些西方的管理模式，所以现在是两方面结合起来。

陆雄文：公司在整体决策和管理中有没有一些信条，是反映在章程里或在企业文化里？

罗康瑞：我们制定了一个管理要旨，把公司的经营理念、管理模式都写了进去。比较重要的是，我们只是做自己能够做得好的生意，能够发挥作用的生意，能够有优秀表现的生意。20世纪80年代，我有些很痛苦的经历，当时，香港房地产市场因为中英谈判变成了“一潭死水”，考虑到是不是分散投资会比较有保障，所以买了酒店，做旅游，还做电脑，这些完全不是自己熟悉的行业，盲目地做了，亏了很多钱。

陆雄文：所以要专注在有优势的领域，而且要比别人更加优秀，这是非常重要的理念。

罗康瑞：是。

陆雄文：那您在人的管理方面有没有一些信条？

罗康瑞：非常重要的一条就是要营造一个环境，让同事能够发挥长处，给他们空间去发展，这样才能留住人才。还有一点，要给他们一个最好的回报，多劳多得。

陆雄文：贡献越大，奖励越多，除了短期奖励，也会有长期奖励。

罗康瑞：对。

陆雄文：罗先生，您十万港元起家，现在已有一千多亿港元的资产，应该是相当成功了，您对自己总体还满意吗？给自己会打多少分？

罗康瑞：我觉得不应该给自己打分，还有很多可以改善的地方。我相信，要是从头再来过，当然不能保证一定会做得更好，但是起码有一些事情会处理得更好一点。

陆雄文：当时您听到您父亲说“这个儿子没用”的时候，很受刺激，也许是爸爸有意为之，知道您在外面听。您当时想一定要成功的时候，给自己设定了什么目标？一百亿港元，一千亿港元？

罗康瑞：没有，完全没有这样的想法和计划，只是想把公司做好，能够赚100万港元就走。

陆雄文：您要证明给爸爸看，借我10万港元，我可以有100万港元，10倍的回报。十多年了，您永远是这样神采飞扬、精神抖擞，面向未来的五年、十年，您还有哪些事情很想去做？还有哪些没有完成的梦想想亲自去实现的？

罗康瑞：我觉得现在公司在转型、在调整，希望现在还是牵头把事情做好，让公司走上正轨，顺利交班。还有每次有项目的时候，总是有一个信念，要把它传承下去，让它对市场、对社会是有影响的，这是我的一个责任。

陆雄文：您还想做几个像新天地、创智天地这样的作品吗？

罗康瑞：我希望我们做的项目能够支持和配合我们国家未来发展的需要。

陆雄文：从这个意义上讲，瑞安到今天又是在一个发展的关键时刻，能不能回忆一下，在瑞安的整体发展过程中，经历了哪些您认为是真正重要的关键和转型阶段，或者是重要的挫折期？您刚才讲20世纪80年代算是一个，做新天地也是一个，现在也许是一个。

罗康瑞：20世纪70年代，重要的、也是比较困难的是怎么能把公司稳定下来，坚持下去，让它有自己的生存能力。之后就是怎么能够多赚一点钱，让它能够去发展。当然，现在回头去看是做到了，做了一些比较明智的决定。比如说，我那时资本不够，无法做房地产，但是房地产一直是我希望进入的行业，就在爸爸开发的项目上做了点投资；另外，1976年，香港政府提出了“居者有其屋”的计划，政府定了一个售价，拿个地块出来，建好三千个单元后，政府用这个单价再买回来。做这个是没有市场风险的，因为做出来的产品一定能够销掉，我就成为当时香港第一家去做的公司。虽然利润不多，但是积累了一些原始的资本。20世纪80年代初，因为中英谈判，香港市场不好，我又去做两个规模比较大的，到现在还是香港最大的项目，有六千个单元，在九龙湾，叫丽晶花园，从签约开始到交楼只用了20个月，这是破纪录的。

陆雄文：20个月？

罗康瑞：20个月，22栋，34层高。

陆雄文：那是奇迹。

罗康瑞：奇迹，那个项目我赚了3亿港元。

陆雄文：当时的3亿港元已经很多了。

罗康瑞：是。1985年，政府刚好拿出瑞安中心的地块来拍卖，我又刚好赚到了这个钱，就放了进去，当然这个地块又为我赚了更多的钱。那时有人说，香港都移民了，你还买来做什么？我的盘算是自己在香港还有业务，需要办公楼。当然很重要的一点，我做了一个政治上的判断，不愿意去移民，因为在国外念书的时候受到过歧视。我在想，为什么要到国外去做二等公民？国家在改革开放，虽然刚刚起步，很多人没有信心，但是在1985年我就到内地来投资，觉得应该亲身去感受改革开放，这也对今天能有这样的发展，能有这样的项目起到了很大的作用。如果到20世纪90年代后才进来，怎么会有这样的机会？因为中国人还是很讲人与人之间的信任的。大家都和我合作过，知道我这个人做事是负责的，不只为了赚快钱，所以大家能给我做新天地这样一个中心地段的项目，这些对我事业的发展都是非常重要的。但是人往往在非常成功的时候很容易被胜利冲昏头脑，那时买地比较随意了一点，在一些二线城市的发展就不太理想，投了很多钱，回报却非常不好。

还有一个非常严重的教训，2008年世界金融危机时期，我们有一个3亿7500万美元的债券正好到期，当时还这笔钱是很轻松的，因为公司的负债率只有16%，自己还有20多亿人民币放在银行里。谁知道雷曼兄弟一出事，世界的金融市场基本停下来，我没有美金去还债券，当时是很危险的。因为要是债券到期不还，可能一下子就破产，还好自己去努力，银行对我也有信心，最后得以顺利解决。这给了我一个很好的教训，你不一定能够完全掌握所有的事情，要注意事先安排，要稳健。2017年我们还有些债券到期，虽然公司在银行有100多亿人民币的现金，但没有美金，所以最近发了一些美元的债，做好准备，2017年就能够很轻松地应对。

陆雄文：请您和我们分享一下您最成功的是在哪些方面？让您自己感到很骄傲，回想起来很满意的是哪些？

罗康瑞：骄傲不敢说，但是觉得很开心、有一点满足感的就是自己能够一手把一家公司打造起来，有自己的文化和经营模式，而且是成功的。还有就是同事对公司都是非常忠心的，很多人都是一份工一直做下去。

陆雄文：在您的成长过程中，除了您父母，还有谁对您有很大的影响？

罗康瑞：我经常都在关注一些成功人士，他们对我个人发展是蛮重要的。20世纪80年代，我下决心留在香港，很积极地去参与基本法的制定工作，那之前我对宏观经济和社会的发展是没有太多认识的，所以花了很多时间去了解，到底一个城市，像香港，过去为什么会成功，未来如何保证等。我现在对城市的发展算是有比较多的体会和了解，得益于当时和香港很多非常有经验、成功的人士交流，在他们身上学到了很多，这些对我都非常重要，非常有好处。

陆雄文：作为父亲，您是如何教育子女，帮助他们成长的？
罗康瑞：我希望可以有我爸爸的决心来教导我的儿女，但很难。现在的父子关系和过去不一样。现在我希望可以和儿女多交流，虽然有代沟，因为我对他们的要求和今天的年轻人还是有点不一样。还有，我相信他们应该经历一些锻炼，儿子在14岁的时候，我就安排他去香港的香格里拉酒店做room boy，帮客人搬行李，他应该去感受一下做基层的工作是怎么样的。四年前他毕业，我说："这样吧，你自己去找一份工作，或者去创业，爸爸不能长期支持你了。"

陆雄文：就像您父亲曾经和您说的一样。
罗康瑞：是。起初，他和很多年轻人一样，在美国念书，希望在纽约住下去，找到了一份工作，但那家公司突然说："对不起，这个位置没有了。"他就很惶恐，说怎么办？我说你自己去想，再找工作，或者去创业。他后来决定去创业，我没有和他说要怎样，他说希望做餐饮，这个行业当时非常困难，但我想"你要做，就让你去吃吃苦头"。

陆雄文：您为什么没有让他到自己公司实习，再慢慢帮助他成长呢？
罗康瑞：他要是来公司的话，我觉得没办法能够让他真正学到东西，因为很多同事都知道这是未来的负责人，没人会去骂他，没人会要求他怎么样，我自己教他也不一定很有效，所以还是让他自己在外面碰钉子，将来有了经验，他愿意进来就再说。我没有要求儿女一定要进来，让他们自己决定，有兴趣就过来，但还要有能力管理，没有能力的话，就做一个股东。

陆雄文： 做股东，不要参与管理。

罗康瑞： 对。

陆雄文： 您对瑞安将来的传承有什么样的考虑？因为十多年前您就提出过想早点退休，做自己喜欢的事情，但三年前您重出江湖，重掌公司，决定公司的大转型和大调整。您觉得怎样的一种传承才能达到理想状态？

罗康瑞： 我相信再过三年左右，现在的管理团队应该有足够的能力了。当然，当前做生意的环境非常复杂，要新人一下子坐到位置上去拍板是不容易的，我完全能够感受和体会到。所以，我现在培养这些同事，让他们多做一点决策，能够感受到自己需要怎样的能力才能够去决定。我最理想的当然是这个专业管理团队能够上来，我的儿女将来有兴趣，可以参与决策或者是做一个董事，或者只做一个股东，自己决定，但是我相信公司要能够有自己的生命力。

陆雄文： 您的女儿已经加入了瑞安，在此之前她自己在外面也工作过，做过一些喜欢的设计和创意的事情，她加入瑞安是您邀请的还是她主动提出来的？

罗康瑞： 我觉得是2008年的金融风暴给了她一个冲击。她那时是在纽约工作，每次打电话和我说“爸爸，今天又有两个同事被开除了”，她的感受很不好。我说“你想留在那边还是回来，随便你”。她最后想通了，说要回来，我以为她要去香港，结果来了上海，她的丈夫也一起过来。主要看她将来愿意做哪方面的工作，自己决定，我完全接受，我不能像我爸爸那样让她做这个做那个。

陆雄文： 您很开明，您女儿现在也慢慢承担起公司发展的责任，但是您会不会担心子女如果过早进入公司，而得不到好的锻炼和成长呢？
罗康瑞： 没有，女儿因为在外面已经工作过，而且比较低调、谦虚，没有富二代的态度，我对她有信心。

陆雄文： 将来交班后，从公司的治理架构上讲，您可能还会兼董事局主席，但管理权就交给了职业的管理团队，当然您的子女也会慢慢参与，也有可能他们不参与就只做股东了，这两个安排都是可以接受的吗？
罗康瑞： 对，都可以，顺其自然效果才会最好。因为我不相信家庭式的管理能够获得长期成功，这也可能是听爸爸讲了很多故事受到的影响。因为过去爸爸也是做家族管理的工作，碰到了很多困难。

陆雄文： 您设计的这样一个公司治理的安排，其实和香港传统的家族企业还是有很大的不同，因为香港的一些顶级富豪的家族企业基本上都是儿孙接班的。
罗康瑞： 谁不希望自己的儿女去接班呢？但是不能勉强，应该赋予企业自己的生命和决定。现在董事局也非常开放，不是因为我控股就我说了算，我很尊重董事们的决定。

陆雄文： 当时做新天地的时候，几乎所有人都反对您。
罗康瑞： 那时还好，公司还没有上市。

陆雄文： 现在就不会再这么做了，如果还有这样的机会，您可能就不会这样做。
罗康瑞： 通过不了的。

陆雄文： 这就是公司治理结构发生的很重要变化。您觉得什么才是父母留给孩子们最重要的财富？
罗康瑞： 我觉得最重要的是做人、做事的态度，留给他们多少钱财都是没用的。

陆雄文：像您父亲、母亲曾经给您的言传身教。
罗康瑞：对。

陆雄文：您的儿女有没有像大多数的年轻人一样，有点叛逆，长辈说的未必认同，或者虽然心里认同，但一定要和您争论？
罗康瑞：还好，他们没有反叛的态度，但是现在的年轻人总是要有自己的想法，不能把我的想法强加在他们身上，说一定要这样做。我还是非常民主的，他们问我意见的时候，我也会把我的看法告诉他们。

陆雄文：您给人的印象总是风度翩翩。您这样的风度和形象，是自己设计的，还是有形象设计师帮您，还是长年累月的一种修为？
罗康瑞：哪里有精力可以24小时让自己去装扮的？最重要的是我对自己要求很高，所以需要很整齐，这不是装扮。

陆雄文：是一种风度，一种仪态。
罗康瑞：这是发自内心的，没办法装出来，您要不是这样的人，又怎么会儒雅呢？

陆雄文：所以自己的修为很重要。
罗康瑞：我希望自己是这样的一个人，就会要求自己成为这样的一个人。其实我是非常喜爱我的工作的，觉得自己非常幸运，做的都是我喜欢的事情。但是从企业的角度来说，我要是长期这样做下去，永远依靠我一个人，是不利于公司长期发展的。所以十年前我就已经有退下一线的念头，希望企业在我还没有完全退休前就能够自己成功地去运营。

陆雄文：您有没有给自己设定一个退休的年龄？首先从CEO退到做主席，然后再从主席退下来，有没有一个大致的时间计划？
罗康瑞：我希望三年后能退，不再做CEO，主席的位置要看将来董事会的组成人员中有没有人能够接。但是我这个人是停不下来的，还是希望有点工作，就好像说我现在对国际形势很担心，国家应该如何应对，是不是需要有一些准备和计划？

陆雄文：这个问题非常重要，因为您也是香港贸发局的主席，要促进香港地区的贸易发展，要到全球出差，会见各国政商界人士。您刚刚讲的担忧具体是什么？这些担忧哪些是大家共识的，哪些是您独特的？这种担忧对中国将来的经济发展会带来什么影响？
罗康瑞：“一带一路”倡议给全世界提供了一个发展合作的新空间，我在香港努力推动和支持这个宏伟计划。为什么说香港能够做这方面的工作呢？我相信，“一带一路”沿线60多个国家，44亿人口，要做投资，国家是没办法自己去负担的，也是不应该去负担的。现在我们去投资，很多人还有怀疑，我觉得应该是全世界的资源一起去投，香港最好是可以变成这样的一个平台。“一国两制”的环境下，香港要去打造这个平台，将全世界的资源带去“一带一路”，配合国家战略，也为香港经济结构转型提供很好的机会，所以这段时间我花了不少精力。

陆雄文：这么多年来，您有过一些多元化的投资，但主要还是专注于房地产业。您在资本市场上也是游刃有余，能不能和我们分享一下，您是如何利用资本市场帮助企业发展的？
罗康瑞：其实，我在资本市场方面没有放太多时间。当然，今天做生意，一定要利用资本市场，最好是知道什么时候融资会比较好，发挥好资本的作用，加快发展步伐。但总的来说，金融是很重要，但不能作为企业的主业，如果只做那个，就变成了炒买炒卖。

陆雄文：现在很多年轻人，要么做互联网，要么做金融。

罗康瑞：金融作为一个行业是可以的，但一家企业把金融作为首要目标就危险了。

陆雄文：很多人就想赚快钱。现在很多成功的企业家，做实体的，做房地产的，都转做金融，因为传统行业的利润越来越少，竞争力也越来越弱，经济下滑以后，压力也很大，所以一有钱就转向金融领域，您对此怎么看？您对企业家，对政府有什么建议？

罗康瑞：最主要的是过去这一二十年，有很多非常成功的企业家做金融，当然有些是非常厉害的，像马云等，我非常佩服他们。但是也有很多企业家做很多不同的投资，我担心很难做好，最终可能还是吃亏，这也是为什么我经过20世纪80年代的分散投资后，现在几十年来一直非常专注在自己最希望做的行业上的原因。

陆雄文：政府现在还是在专注实体经济，提升竞争力。但是现在的投资回报率不高，您觉得在中国投资市场还有很大的发展空间和潜力吗？

罗康瑞：一定有的，因为我们市场那么大，才刚刚起步，主要就是看你能不能够看懂未来的走势，如何去定位。

陆雄文：我觉得瑞安的成功不仅取决于您的远见、智慧和胆识，也依赖于你强健的身体，身体年轻，心态才会年轻，才有精力投入工作。您年轻的时候练拳是一个很重要的基础。

罗康瑞：我非常喜欢运动，拳击、足球、网球，我是什么运动都爱好的。

陆雄文：练拳除了为今天事业的成就打下健康的身体基础以外，还给您什么启发和帮助？

罗康瑞：除了身体之外，也锻炼了意志，知道要做好一件事情需要锻炼一千遍、一万遍。还有这个拳意，我用来做现在管理或是投资的指导思想。

陆雄文：为什么是指导思想？

罗康瑞：因为咏春拳讲求 “拿中线”，中线就是做人的框架，你怎么发挥都离不开这个定位，就是所谓的“万变不离其宗”。很多人很灵活，今天这样，明天那样，但是因为我练过拳术，我每天都是用这一套的。

陆雄文：一切围绕着核心，万变不离其宗，抓住关键。

罗康瑞：对。

陆雄文：所以您觉得体育，包括后来的留学，以及父母的言传身教，对您的世界观影响很大。

罗康瑞：对自己的成长的每一个阶段都是非常重要的。

陆雄文：今天我深受启发，尽管有些故事我也听过很多遍，但每次听都能看到您在不断地思考和探索，这也是瑞安能够不断发展壮大，不断成功的很重要的秘诀。

罗康瑞：我现在每天还是在学习，因为世界变得太快，停下来就要退出去了。

陆雄文：最后，您能不能给年轻的企业家、职业经理人，或者还在读MBA、EMBA的学生提点建议？

罗康瑞：我觉得他们现在太幸运，能够生活在一个非常好的时代，应该好好去把握时机，为自己创造机会，实现理想。

陆雄文：谢谢您！

罗康瑞：谢谢！

【专家点评】

罗康瑞的财富人生

曹如中
博士、上海工程技术大学管理学院副教授

在风起云涌的财富时代，罗康瑞无疑是地产界中一位独具慧眼并带有几分家国情怀且十分谦逊的地产商人。在他身上，你看不到商人的精明与算计，有的只是深受传统文化熏陶的谦谦君子和儒雅书生气息。尽管他生长在香港，却能深深融入内地，并且因为开发出了一系列以“天地”命名的地产精品项目而为世人所称道。他不仅取得了事业上的成功，而且实现在商界、政界和学界多重身份的旋转，赢得了事业的圆满。回顾起来，从他最初坐了13天货轮去澳大利亚留学，到向父亲借10万港元创立瑞安公司，到后来的孤注一掷赌“天地”，最后建立自己的财富帝国，使我们从罗康瑞身上，既可以读到一个个跌宕起伏的励志故事，也必须向他学习如何创造财富神话和回馈社会的人生经验。

志存高远：获得成长

作为“富二代”的罗康瑞并不像人们通常想象的一样，吃着“蜜糖”长大，而是有着坎坷的人生经历。由于各种原因，15岁时他被父亲送去澳大利亚留学，而且规定只能坐轮船，不能坐飞机。经过13天颠簸才抵达学校，而父亲却只提供学费。求学的六年里罗康瑞没有回过一次家，这段时间里几乎完全靠自己教人咏春拳和打工赚取生活费来养活自己。然而，正是在这13天的航行期间，罗康瑞读到了《天地一沙鸥》这本令他震撼的书。内容是说天地间有一只很特别的沙鸥，它跟其他沙鸥具有不一样的特质。这只沙鸥每天都在将自己的能力和速度往前推进，因为只有这样它才能够感觉到满足，才能体会到生命的意义与价值。然而，它的这种行为并没有得到同伴的理解，它们都取笑它：你看，这个小疯子，我们每天都在玩，在吃，多么轻松啊，为什么它却每天逼迫自己去练习？但这只沙鸥并没有因此而放弃，它知道它不是在等，而是在做筹备！因为机会只会留给有准备的人！而这只沙鸥也用其他同类无法达成的实际行动一次次赢得了同类的承认与折服。正是从那时候起，幼小的罗康瑞心中就暗下决心，一定要做一只特殊的沙鸥。而天地间这只特殊的沙鸥正是罗康瑞的准确诠释，以至于后来由他一手创立的瑞安集团更是直接将沙鸥作为公司的Logo，这既是罗康瑞性格的体现，也是瑞安集团企业文化的真实写照。正是在这种永不停歇、自我超越的精神和文化的驱动下，罗康瑞实现了自我的不断突破，瑞安集团也取得了巨大的成功。

也许成功有着许多相似之处，但每一个人的成功却并不是那么容易。少年时期的磨难不仅没有消磨掉罗康瑞的锐气，反而成为他人生中最为宝贵的一笔财富，使他能经受住后天的各种压力，让自己在创业期间曾经的四年里每天工作不少于16个小时，全靠吃安眠药度过！而这种沙鸥精神也造就了他日后的思维定式：从大处着眼、从小处着手，从高处思考、从低处实践！而后来的罗康瑞也用自己的实际行动证明了，只有通过自己的勤勉务实，不断夯实自己，有朝一日才能成为一只翱翔于天地间的沙鸥！用中国的古语来解释，叫作“故天将降大任于斯人也，必先苦其心志，劳其筋骨，饿其体肤，空乏其身，行拂乱其所为，所以动心忍性，增益其所不能”。罗康瑞能够在风云变幻的地产市场中始终屹立不倒，接受常人无法忍受的考验，很大程度上皆因为青年时期对自己心志的磨炼，而这也是任何一个成功人士必须经历的“必修课”。

顺势而为：求得转型

对时局的把握与形势的研判十分精准到位，使罗康瑞顺势而为，不仅能够成就自己，而且求得转型的机会！20世纪90年代，《中英联合声明》签订之后不久，在一些香港商人纷纷筹备移民时，罗康瑞则决定北上考察内地市场。自20世纪80年代开始，罗康瑞锐敏地感觉到中国时局的发展变化，不仅让他对内地广阔的市场前景萌生了投资兴趣，而且赌上一半身家开发新天地！从1999年1月起，瑞安集团花费14亿元巨资，把上海最典型和最古老的石库门旧区，打造成一个具有国际水平的国际时尚商圈。在对新天地的开发过程中，罗康瑞一改传统大拆大建的旧城改造模式，大手笔挥过之处，代表旧城区市民生活的老房子，转瞬间蜕变成当地最时髦的消费空间。新天地的开发模式表明了城市改造存在另一种可能：文化、历史和商业可以很好地融合。这种模式后来成了城市“旧改”试图超越但却一直无法超越的经典范本。在20世纪末期大力推进社会主义市场经济的进程中，无论是旧城改造还是新城开发，很大程度上都被视为是一个商业行为，很少有人从战略和长远角度来考虑房地产开发过程中的深层次问题。而相比于同期的其他开发商，罗康瑞不仅尝试“修旧如旧”，而且将它打造成为精品，最大限度地保留其中的文化内涵，实现城市文脉的延伸。以致后来有人评价新天地这种开发模式说：“它不是纯粹去旧建新的商业主义，也不是单纯牺牲商业的保护主义，而是一种经典的‘旧城改造+开发’模式。”借用同济大学建筑系常青教授的话来评价新天地的开发模式最好不过：“若谈当代的城市更新，新天地是绕不过去的一个标志。但新天地是绝版，别人学不了。”

从本质上而言，新天地属于中心城区老建筑再生的成功案例，传承了上海几百年的历史文化遗迹，也承载着当代文明进程。今天的新天地已经远远超出当初房地产开发的意义，成为文化传承与创新的经典之作，成为产业跨界融合与协同发展的业界传奇，成为旧城改造的神来之笔。在国内，从沿海地区到内陆城市，从香港到台湾，从天南到地北，新天地的名字早已为人熟知，而且成为大家争相仿效的对象。在世界上，从北美到欧洲，从亚洲到大西洋，不少人都知道上海有一个地标性建筑叫作新天地，来中国旅游必到上海，来上海旅游必到新天地。

“天地系列”也成为罗康瑞的地产名片，这种在中心城区承担政府旧城改造的项目开发模式成为罗康瑞的经典之作。然而，早在1999年，当罗康瑞把新天地的开发方案呈放在公司董事会面前时，全公司上下一片反对，而反对最为激烈的正好是他的同事们。在当时1997年亚洲金融风暴的“漩涡”和银行不愿意贷款的特殊时期，大家都认为“罗康瑞疯了”，但罗康瑞却下定决心，最终打造出一片属于自己的“新天地”。“因为我知道2001年我们上海有两件很重要的事，一个是APEC（亚太经合组织）会议10月在上海召开，另外一个是纪念建党八十周年。”“而新天地旁边就是中共一大会址，其实我们新天地这个名字就是取自‘一大’，‘一’加‘大’就是天，经过‘一大’以后，中国共产党开创了一片新的天地，而且我们又正好是做地产的，所以新天地就是这样想出来的。”在当时那种情况下，能够考虑得如此周全和深入，由此可见罗康瑞的眼光、胸怀与胆识。

和谐共赢：赢得升级

房地产市场一直是一个藏龙卧虎而又鱼龙混杂的地方。在地产这个江湖中，可以说是八仙过海，各显神通。而其中尤其是关于“企业与政府的关系如何处理”“和政府之间究竟应该有多近”的问题也一直在拷问着每一个企业家。怎么样才能够既让企业获利，又使政府满意，同时还能让企业获得发展空间，对于这样的问题罗康瑞处理起来的方法很简单，那就是互利双赢，彼此成就。因此，在瑞安内部一直流传“配合政府促繁荣，社会发展我进步”这样一句话。诚如罗先生所说：“最主要就是大家目标是一致的，所以我们做每个项目，我会跟有关的政府说得很清楚，我们为什么要建这个，为什么要这样地规划，正是因为这个城市需要这样的规划，需要这样的配套设施，他们同意后，我们才敢建的。另外，我也相信我们很多官员都是希望为他们的城市来做出正确决定的。如果大家要是看到瑞安真的能够为他们提供这么好的设计和建设，他们都会欢迎我们的。”

时至今日，源于罗康瑞的顿悟，他不仅打造出了属于自己的“新天地”，也使这一开发模式成为企业和政府双赢的典型案例。新天地开发模式既是瑞安集团在上海立足的奠基之作，也让罗康瑞迎来了人生和事业的转机，在地产界实现从“弯道超车”到“换道超车”，国内数十座城市纷纷邀请他参与旧城改造，并使得瑞安在拿地方面获得了别的企业无法比拟的优势。正是源于这一点，许多媒体形容罗康瑞“长袖善舞”，都说罗康瑞是“红顶商人”，特别善于政治经济学。但作为一个商人，罗康瑞一直觉得政治和经济是分不开的。“经济和政治怎么分得开呢？要想做好做大生意，就必须读懂国策。”但做生意必须有底线，罗康瑞也有自己的“框框”。

“亲近政府，远离政治”，正是在这一点上拿捏得恰到好处，使罗康瑞区别于一般的地产商人，也促使他一步一步地走向了成功。“首先是绝对不能有金钱上的直接利益输送，这个一定是不能有的。还有就是我自己特意保持一个距离，就是大家是朋友，但不是吃吃喝喝的那种朋友关系，而只是一种工作上的朋友。大家互相尊重，互相信任，我跟他们可以很深入地谈一些问题，他知道我真的是为这个事情来考虑的，来做好这个事情的，不只是为我们公司自己的利益。那么在这个过程中，我们怎么替他的利益在考虑呢？他的利益最重要的是，他的城市能发展，而我做的这些项目都是完全围绕这个城市的更好发展。”

创造价值：实现超越

前行之路无坦途，如果方向错了，停下来就是一种进步。人生和事业是一个马拉松，在每一个弯道处，前后的次序都可能有所变化，但坚持到最后的才是赢家。而赢家往往并不是跑得最快的那个，而是最有毅力且不跑错方向的人。与万科、恒大等内地龙头房企快速周转、现金为王的策略不同，多年以来，罗康瑞一直都秉持不赚快钱的理念，也鲜有尝试过炒卖土地和买股票等手段，而是想着如何才能为社会创造价值，带来财富。因为在房地产市场深耕几十年的罗康瑞深知，靠金融支撑的房地产市场里泡沫太多，只有实实在在地为社会创造财富，才能最终实现增值！正是因为这一点，使罗康瑞求得了心灵上的超越。尽管在中国内地房地产领域如此大举投资的不只罗康瑞一人，但像他这种不赚快钱的人还真是少见。而这一点也正成就了他走得更稳、更好和更持续。时至今日，他不仅把自己的发展赌在了中国内地，而且坚持在房地产领域几十年不变，始终坚持开发属于自己的那片“新天地”，这一点却是非同寻常。应该说，在20世纪末以来的这段时间里，国内有着很多的投资机会，对于类似罗康瑞这样资金实力雄厚的资本大佬来说，多元化发展几乎成为一条铁律。然而，罗康瑞却务实而专注地“坚持只做房地产”，心无旁骛地致力于开发他的“新天地”，始终与地方政府实现和谐共赢。他的这一战略决策无疑是十分明智和具有远见的。如今，那些当年和瑞安一起进入内地市场的港资房企已经是望尘莫及，罗康瑞的“天地系列”已经推广到武汉、重庆等全国6大城市。无疑地，罗康瑞希望他所创办的企业可以长跑，而他多年所坚持的不赚快钱的理念也很好地印证了这一点。不管是在事业抑或人生的马拉松比赛中，罗康瑞都力图演绎得尽善尽美，就如影响他多年的《天地一沙鸥》中的追求独立和完美的沙鸥：“……爬高到一千尺，全速向前直飞，然后低头向下、鼓翼、垂直、俯冲。然后每次要往上扬起时，左翼就不能动，身体猛烈地向左翻转，于是把右翼停下来恢复平衡，接着就像一团火狂野地向右旋转。”

志存高远，顺势而为，亲近政府，远离政治，不为物役，自我完善！从富二代到创业者到成功企业家，至情至性的罗康瑞，谱写了一曲曲荡气回肠的励志故事，也赢得了自己的财富人生！

姜建清

审慎稳健　钻研创新

主 持 人：苏　勇　教授、博士生导师、
复旦大学东方管理研究院院长

访谈对象：姜建清　中国-中东欧金融控股有限公司董事长、
中国工商银行原董事长

访谈时间：2017-04-13

访谈地点：中国-中东欧金融控股有限公司北京总部

苏　勇：姜董事长您好，非常感谢您接受“改变世界——中国杰出企业家管理思想访谈录”栏目组的访谈。我们从您现在的中国-中东欧基金的工作开始，请简单介绍一下，中国-中东欧基金是什么性质的机构？它的资本构成、使命以及目前和以后要做的工作是什么？

姜建清：是一个投资基金。

苏　勇： 非主权类的基金？

姜建清： 对，非主权类的。投资者非常多元，有中国的企业和银行，还有国外的企业和投资机构。开始的时候由工商银行牵头，其实从名字就可以看出它的工作范围，名称叫中国-中东欧基金，主要投资目标地就是中东欧地区。

苏　勇： 目前的盘子是多大？

姜建清： 我们的目标是要建立一百亿欧元的基金，并带动五百亿欧元左右的信贷。从2016年下半年开始真正募集，到目前为止已经到位三十多亿欧元。

苏　勇： 有没有实质性的投资项目？

姜建清： 现在已经开展了上百个，比较聚焦在其中的十来个。2017年，首批投资可能会到来。

苏　勇： 都是在中东欧地区？

姜建清： 对。

苏　勇： 这样的一种中东欧基金和其他基金有什么区别？

姜建清： 实际上，从运作模式、所遵循的规则来看，它和一般的基金是一样的。当然，我们刚才有讲到主权和非主权的问题。主权基金主要是私有或者国家某一方面基金作为主要来源，其他的就是市场化的基金。中国-中东欧基金有三方面的特点。一是政府支持，商业运作，市场导向。我们的基金是“16+1”的机制，就是中国和中东欧16国每年有一个合作的会议机制，在这个机制上，正式确定要成立中国-中东欧金融公司和中国-中东欧基金。根据这个要求，我们从2016年开始筹办，同年11月，正式开始运作。二是规模比较大。我们标的为一百亿欧元，大大超过现在国内的一般基金，将来有能力在中东欧地区从事投资等业务，带动、促进中国和中东欧国家之间的合作，受到了中国和中东欧国家的欢迎。我们和波兰、捷克、拉脱维亚都已经签订了备忘录，其他的一些中东欧国家也都非常积极，表示愿意参加，所以规模比较大。三是比较区域化。很多的投资基金或者定位于中国，或者定位于全球，像我们定位于中东欧这样一个特定地区的比较少。

苏　勇：政府支持，商业化运作，市场导向，资金规模比较大，聚焦于中东欧地区，这和中国政府现在倡导的“一带一路”倡议是密切配合的。

姜建清：是的，中东欧地区就是“一带一路”中间的一个重要节点，从中国到中亚，再到中东欧，然后到西欧，所有的中东欧国家都是“一带一路”的组成成员。

苏　勇：就是在经济上用投资项目来推动“一带一路”倡议的发展？

姜建清：对，通过这个平台聚集全球的资本和中国的动力，用金融创新的方式来支持“一带一路”倡议的实施。

苏　勇：以后要把资本运作的管理总部搬到上海去吗？

姜建清：对。根据基金的特点，我们有几个总部，管理公司是在中国香港，负责日常管理、后台运营、风险控制、财务控制等。欧洲总部在慕尼黑，因为交通方便，和所有的16个国家的航班都在一两个小时的距离，非常近，因为需要频繁去这些国家，和他们进行项目洽谈。中国大陆的总部在5月份会落户上海。

苏　勇：中国-中东欧基金在具体的产业方面有没有什么偏好？

姜建清：你问得非常专业。所有的基金几乎都有它的定位，我们是根据中国和中东欧16国一些共同的愿望，并结合这些国家的特点，主要聚焦在三个领域。一是基础设施建设。这是中国的强项，我们有能力来协助中东欧国家开展一些基础设施建设。二是制造业。中东欧地区，特别像捷克、波兰、斯洛伐克、匈牙利等，他们被称为欧洲的工业走廊，他们的汽车零配件产业、电子产业、机器人产业、环保产业都发展发达，这些制造业也是我们投资的重点，因为中国的资本和市场与他们的技术一旦结合会实现双赢。三是消费品。中国的产品和中东欧地区的产品有很大的互补性。他们的农业非常强，波兰、塞尔维亚、保加利亚、克罗地亚等国都有非常好的农业基础，中国的一些农业机械产品在那些地方也非常受欢迎，所以有合作的基础。

姜建清（右）接受苏勇采访现场

苏　勇： 最近央行出台了一些宏观货币政策，包括对外汇管制的政策，您觉得这对中东欧基金的运作会有什么样的影响？

姜建清： 我觉得这没有多大的影响，因为中国会继续对外开放，这是坚定不移的。2017年年初，中国宣布，未来的5年中国将在全球投资7500亿美元。当然，前几年在对外投资方面出现过一些不太理性的做法，现在进行了适当的调整，加强了管理，明确了规则，我觉得这都是为了促进中国的对外投资能够更加健康持续地发展。

苏　勇：我们把话题拉回到工商银行，您在工商银行掌舵16年，把工商银行从一个经营状况很不好的企业，一手做成所谓的“宇宙第一大行”。请谈谈个人的经历，怎么会进入工商银行，并一步一步做到领导的。您是1969届？

姜建清：是。初中毕业，上山下乡。在中国，与我们同年龄的人都有差不多的经历，在当时都要上山下乡。我坐了好几天的火车，再换汽车，一直到了深山老林，开始了农民的生涯。当然，我在农村也做了不少工作，当过教师，还在当时的农业学大寨工作组工作过几年。后来有个机会，我哥哥大学毕业后分配到河南的煤矿工作，说有地方在招工。

苏　勇：您怎么会想到从江西插队跑到河南？

姜建清：觉得自己在农村虽然非常努力，但不太有机会了，如果一辈子在农村，将来很难养家糊口。有了这么个机会，就去做了煤矿工人。干了两年，赶上全国高考，就回到江西参加高考，那时候是“回城风”，我就又回到了上海。正好中国人民银行在招录干部，我就去报考了，不料还真考进去了。工作了一年，去上海财经大学读书，毕业后又考上了上海交通大学的研究生，然后一直在银行里工作。都是非常偶然的机会，我从来没想到过在银行工作，对银行也是一无所知，唯一的感觉就是储蓄所。到银行工作以后，随着不断的学习和业务水平的提升，慢慢领会到了邓小平说的“银行是现代经济核心”这句话的深刻含义。

苏　勇：去银行的第一份工作是什么？

姜建清：当会计，在南京路，当时叫人民银行静安区办事处，主要处理企业账务。

苏　勇：原来有没有学过会计？

姜建清：没有，就是参加了几个月的培训。

苏　勇：您是2000年开始做工商银行行长的？

姜建清：2000年2月份。

苏　勇：掌舵16年？

姜建清：对。

苏　勇：当时您到工商银行的时候，工商银行是一个什么样的状况？

姜建清：我们是非常幸运的，正逢中国社会和经济的巨大变革，也是银行的巨变时代。我接触银行业的时候，中国只有一个人民银行。1984年，工商银行从人民银行中独立出来，是最后一家。工商银行的成立标志着中国的金融体系雏形形成了，人民银行独立行使中央银行政策，不再办理商业、企业业务，成了银行的银行，中央的银行。上海的工商银行是1985年1月1日成立的，比全国其他城市的工商银行晚了一年，有些地方更晚，尤其是偏远地区。

苏　勇：您是从上海开始一步步走向工商银行领导岗位的？

姜建清：对。当时的银行叫专业银行，分出来后每家都有各自的专业。农业银行对农村，中国银行对外贸，工商银行对工商信贷等，以后开始交叉了，彼此渗透，变成了国有独资商业银行。2000年后，改制重组上市，变成了一个更加多元的股份制上市银行，我们这一代经历了整个大变革的过程。

苏　勇：应该讲是非常丰富的。

姜建清：对。我来了以后，是在组织培养下，在领导和同事们的帮助下，自己一点点成长起来，从科长到处长，到省一级的行长，再到全国的行长、董事长。我在银行业做了37年，在上海做了两年的行长。

苏　勇：外界评论说您的风格审慎、稳健。您觉得在您掌舵中国工商银行的16年间，这些审慎、稳健具体体现在哪些方面？

姜建清：我觉得每一个银行家都应该审慎、稳健，这是银行职业的要求。拿负债表来看，资本占全部资产的比重是非常低的，只有10%左右，国外有些银行连10%都不到，核心资本也就是4%~6%。大量的钱被称为负债，对老百姓来说就是存款，老百姓的存款、企业的存款、政府机构的存款构成了资金的主要来源，我们再把这些资金发放贷款，实现了从储蓄到投资的转化，并且支持了国民经济的发展。这些钱是谁的？是大家的。所以银行履行的是信托责任，大家把钱存在这里是相信你，你怎么归还大家？这是一个非常朴素的道理，也是商业银行的核心意义所在。我们要有三性：安全性、流动性、效益性，其中"安全性"要放在第一位。

苏　勇：但是为什么大家会对您有这种评价，可能的因素是什么？

姜建清：我想非常重要的就是，从这几十年来经历的中国金融改革的风风雨雨，我们越来越深刻地理解了邓小平说的"银行要办成真正银行"的含义。过去的银行说是金库，也就是出纳，你来领钱我就给你钱，不是一个真正的银行。历届的党中央、国务院领导一再强调，商业银行要遵循自身规律去办事。这些对我的影响是非常深刻的，特别是亲身经历了从技术上已经破产，有巨额不良资产和财务包袱的银行，在中国政府的支持和大家的共同努力下，通过艰难改革，凤凰涅槃，走出低谷，这对自己是刻骨铭心的。我想，作为商业银行的管理者永远不能忘记审慎、稳健。

苏　勇：2000年，中国工商银行出现不良贷款率很高等情况，您上任后采取了什么措施，一步一步使银行走出困境?

姜建清：中国商业银行不良资产问题的形成原因非常复杂，我现在正带着一个小组，在人民银行和各家大银行的支持下，写一本关于中国大型商业银行改革历史方面的书，这本书会描述得非常深刻。首先它有一个历史背景，中国改革开放后，把经济搞上去是非常迫切的，而当时中国的财政非常薄弱，根本没有资金来支持搞建设，所以金融在经济推动中就起到了非常重要的作用。我们国家又是银行主导的金融体制，相对于西方在运用资本市场方面，我们比较落后。后来，银行放宽信贷发放，但由于20世纪90年代经济转型，带来了很多不良资产，这些问题在银行主导的金融体制下，一定会反映在银行里。20世纪90年代是中国企业变化最大的时代之一，在这样的情况下，当时的财政没有能力给银行补充资本金或者核销银行的贷款，不良贷款就不断增加。加上1997年的亚洲金融危机，更加剧了金融风险的集聚和爆发。所以，中央召开金融工作会议，深刻认识到金融风险对中国经济未来潜在的威胁，推动了金融体制改革的加速发展。

苏　勇：您上任后采取了哪些措施?

姜建清：我是1999年到工商银行担任副行长的，主管风控、不良资产处理和信贷业务。当时不良贷款的比例以1999年的时间点来看，“一逾两呆”占到34%。

苏　勇：什么叫“一逾两呆”?

姜建清：逾期、呆账、呆滞，一共是34%。按照现在的标准（五级分类）来说是47.5%。

苏　勇：国际标准是多少?

姜建清：今天中国商业银行的不良贷款率平均在1.7%~1.8%，如果不良贷款率在8%~10%，就已经是天大的问题了。

苏　勇：但那个时候有百分之三十几？

姜建清：34%，更加准确地说是47.5%，问题非常严重，按照这样的计算，当时实际造成的损失，加上财务损失，大概在1.5万亿元到1.6万亿元。

苏　勇：国家有没有给一些支持？

姜建清：在这个情况下，国家已经充分认识到金融风险给社会和经济可能会带来的巨大危害，所以，党中央、国务院下决心解决银行的不良资产问题，通过各种手段进行了改革，包括外汇改革、财政改革、国有企业改革等，从一点点开始，最后逼近了最重要的一步，就是金融体制改革。

回到具体管理，面对这么大的不良资产包袱，我心里确实“压力山大”。很多人事后问我，你睡得着觉吗？我说如果亏损几十亿元，甚至几百亿元，可能睡不着觉，当你是接手这么个大窟窿的时候，肯定也不会睡不着觉了，因为不是你睡不着觉就能解决问题的。当时党中央、国务院虽然给予了有力支持，特别是在1999年和2000年年末，在国家财政非常困难的情况下，对金融业的不良资产给予了剥离，但由于国家财力的原因，并没有根本解决不良资产问题，而国有企业体制改革还需要进一步深入。在这样的情况下，我觉得首先要严格控制新增不良贷款的产生，我们已经有这么多问题了，新问题如果再发生，那是没完没了的。

苏　勇：您有没有下过指标命令？

姜建清：我下过指标，找了信贷部的总经理，说新增不良贷款率不能超过2%。

苏　勇：先不说存量，先管住增量？

姜建清：这样至少不会有新的忧患，再去慢慢治理旧的问题。当然，大家压力非常大，当时的新增不良贷款率远远不止2%，但真的用了壁垒的手段，一定要达到。

苏　勇：和绩效考核是挂钩的？

姜建清：就不仅是绩效了，要严肃处理，坚决不能超。用一句话来说，任何人不能越雷池一步。当然，从不可能到最后也是做到了，之后的连续七八年都没有超过2%，最接近的一次是1.7%。

苏　勇：还是非常有效的。

姜建清：对，首先这一棒完成了。当然，从做法上看，我提出要疏导，大禹治水光堵不行。信贷大量出问题是和投向有关系，我们要研究哪类信贷既可以支持国民经济发展，又能保证信贷的资金安全。

苏　勇：比如呢？

姜建清：我们确定了几个大的板块。第一，是基础设施建设信贷。当时国家的基础设施建设做了十几年，但这方面的信贷才刚刚开始不久，特别是工厂，所以我们把基础设施建设信贷作为一个新的领域，最后增加了万亿元以上信贷的投向，资产质量非常好。第二，那时候还没有个人住房贷款。我记得工商银行当时的个人住房按揭贷款只有三百多亿元，而且还没管好，所以就搞了一整套的办法，必须管好。具体到每笔贷款，用科技办法看准每一笔贷款，然后不断完善管理措施，包括产品，又变成了一个新的“水池”。

苏　勇：新的增长点。

姜建清：新的增长点。当然，还包括着手支持一些新兴产业和高新技术产业。其次，我们开始处理存量不良贷款，用一句话来说，就叫“清淤”。河里面都是淤泥，水是不会流动的，或者说水都会漫出来，要去清理。

苏　勇：怎么清？

姜建清：通过管理新增贷款，银行盈利开始增加，我们就把大部分的盈利用来冲不良贷款，大概从2005年开始的十年多时间，自己处理了2300多亿元的不良贷款。

苏　勇：都是拿自己盈利来冲的？

姜建清：是的。当时有一点就冲，一冲盈利更多，冲得就更多，就是这样。

苏　勇：对您来说也是要下很大决心的，因为这些盈利都来之不易。

姜建清：对，但是你必须这样做，才能有一个强壮的“身体”，不然银行就不成银行了。再次，堵漏，就是要完善各种管理制度，从制度上更加严密地管理。产生这么多的不良资产，固然有客观的原因，但也和银行内部的管理薄弱、内控存在瑕疵、信息化手段不足有非常大的关系，至少有三分之一的关系。

苏　勇：制度的疏漏。

姜建清：制度疏漏，执行不严，人员素质有待提高，思想观念要端正，科技手段也要上去。

苏　勇：当时有没有什么特别的制度？

姜建清：比如贷款审查委员会制度。贷款要严格执行审批，采取集体讨论和无记名投票方式，不是一个人说了算，包括我也不行。我有权否定他们同意的结论，但无权否定他们不同意的项目。

苏　勇：您是从行长、董事长的角度觉得虽然他们讨论通过了，但可能还有风险。

姜建清：是，我可以否决。但是大家都认为有风险的，我不能扳过来，这就是一种制度。这种制度后来在全行推广，做严格的审计、稽核、内控检查。

姜建清接受访谈

苏　勇：传统意义上，工商银行比较老套、传统。您上任后，在工商银行推动了很多改革，比如在科技化、网络化上，为什么会想到用科技推动金融发展？

姜建清：我觉得银行在发展的过程中必须要与时俱进。银行功能在不断变化，内涵和外延也在不断扩大，一步步从传统支付的中介转到融资中介和信息中介。但是银行没有改变的是它金融中介服务的功能，所以现在银行服务的范围越来越多，也是适应外界竞争的压力不断调整自己。看企业有什么需要，银行就提出相应的金融服务，以适应市场需求。

讲到科技，近几十年来，所有的金融创新背后都有科技的身影，当然，科技的发展也推动了金融创新向前发展。工商银行是中国在金融科技领域走得最快的。20世纪80年代，全中国最早的ATM机就在上海南京路开始设网点，但还不是取款机，只是联网的小型计算机。20世纪90年代，从小型机逐步走向中型机、大型机。到20世纪90年代末，开始了数据大集中，提出了数据库的概念，这样一步一步，工商银行发展得非常快。从我自己来看，过去在上海工作，在这方面也是走在同行前面的。我当时主导了上海银行计算机化的改革，改变了计算机非常落后的状态，这些都和我1995年在美国哥伦比亚大学的学习分不开。

苏　勇：待了多长时间？
姜建清：我是提前回来的，只待了8个月。

苏　勇：读了一些相关的课程？
姜建清：更主要的是我访问了不少银行，当时他们银行的Center对我有很大的影响。

苏　勇：当时您的职务是？
姜建清：我是工商银行上海银行的副行长。1995年，美国推出了第一代互联网银行，当时叫“第一安全证券银行”，是完全虚拟的互联网银行。美国报纸天天报道说银行成了21世纪的“恐龙”，马上要不行了，互联网金融要打败“砖头”，叫“鼠标打败砖头”。每天都在看这些东西，晚上写成文章，回国后还出了两本书，一本叫《美国银行业的科技革命》，一本叫《金融高科技的发展及其深层影响研究》，都是在美国时的一些感悟。

苏　勇：所以，那段经历，包括所见、所知，对您后来推动工商银行的科技化、网络化改革有很大影响。

姜建清：这是一种结合。因为之前关于IT方面就有很多的感悟，加上国际上的比较，有了更多新的体会。我不认为虚拟银行、线上银行能够完全取代实体银行，当时不可能，今后也不可能。所以回来以后，我就提出在上海建电话银行中心，是全国真正意义上的第一个Center。

苏　勇：全国第一个？

姜建清：第一个。2000年到总行后就推动了网上银行的发展，成立电子银行部。当时电子银行业务在所有业务间的占比是3%，2016年达到了92%。所以，在科技方面，怎么把“鼠标”和“砖头”结合起来，把线上、线下结合起来，发挥各自优势，实现互补，互相促进，协调发展，这是中国未来在金融和商业互联网发展中必然要走的一条路。

苏　勇：线上、线下要结合，科技要渗透进去？

姜建清：当然，线上要更加完善，可以在线上办理的业务尽可能要在线上。线下要调整结构，无论是对互联网的商业银行，还是对互联网的金融，都会面临这样的问题，因为有一部分的功能，特别是能够解决客户感受的业务，线下还是会发挥优势。

苏　勇：毕竟人和人打交道会更加亲切、直接一点。

姜建清：对。

苏　勇：所以工商银行现在推出的融e联、融e贷，这些品牌也不是偶然的，是有后面的理念在推动的。

姜建清：对。没有现代的科技，就没有现代的银行。

苏　勇：我注意到，美国财政部原部长保尔森曾经对您有评论，说姜董事长不像国有企业的领导人，更像商业机构的领导人、银行家，您觉得他为什么会有这样的评价？

姜建清：我想我们所做的一切，是在一段时间内管理好一家银行。当然管理其他的企业也是一样，要按照社会主义市场经济的要求，遵循商业银行的规律去经营，这也符合党中央、国务院对我们的要求。

苏　勇：您怎么样看自己在工商银行16年的发展？

姜建清：我感到非常幸运，见证了中国商业银行的五大转变：从国有专业银行到国有独立银行，再到股份制上市银行的转变；从一个相对比较简单的以存放汇业务为主的银行，变成综合化、多元化的金融服务机构；从国内的银行走向世界，成为全球化银行；从国内全球排列比较居后的银行，成为全球领先的银行，大家给我们的一个称号是“宇宙行”；从一家被西方认为技术上已经破产的银行，转变成在全球领先、为全世界许多同业所赞誉的银行。这是我们的幸运。

苏　勇：2005年，工商银行在A股和H股同时上市，有没有什么故事可以分享？

姜建清：有太多的故事。实际上，上市并不是简单为了获取资本，重要的是通过机制体制改革成为股份制上市公司后，会有来自投资者、分析师、媒体等整个社会和国际的关注、评论、分析，这会给你形成外在压力和约束机制。通过上市，建立董事会、股东大会和监事会，整个公司的治理架构也会更加完善，这是非常好的一件事情。在改制的过程中会面临许多挑战，第一，我们的不良贷款率从34%到上市前下降到了19%。尽管处理掉不少，但还有19%。如果按照五级分类的情况，那就还有20%多。这样的情况下谁会来投资呢？就需要我们和大家讲故事，但不是把所遇到的困难告诉别人，而是告诉大家要对我们有信心，从以往几年的经历看未来，比如这几年新增不良贷款的比例，我们管得很好，今后也会这样管理。如果把历史的东西处理掉，不就是一个非常好的银行吗？第二，要看发展。中国这么大的金融市场，这么多客户，这么多的存款增长，会增强未来发展的潜力，增加利润，这一点不良贷款是容易处理的，就是这样去说服大家。

苏　勇： 当时您路演了多少次？

姜建清： 大概在2004年，走了国外四十多个大的银行、保险公司、投资机构。我想说服大家投资我们，但得到的回应只有三家，四十三家中有三家说可以考虑，其他说不考虑。

苏　勇： 那怎么办？

姜建清： 三家也好，我们再去不停地和这三家做工作。确实，对他们来说，投资还是有风险的，很多国外投资者对当时中国金融前景还是缺乏信心的。经过努力，高盛、运通，再加上德国的安联，三家共投了37亿美元。

苏　勇： 还是比较顺利。但是，当时很多外资对中国的金融体制，包括对整个中国的经济发展，信心还不是特别足？

姜建清： 对。不光是外资，内资我们也做了很多工作，大家看到中国商业银行这么高的资产负债表和巨额的不良资产，都吓怕了。

苏　勇： 今天的工商银行已经不可同日而语了。我看到一个数字，国外资产已经占到整个工商银行的百分之八点多，毫无疑问已经是一家国际性的银行。在这当中，您主导了16次的海外并购，当时为什么会去做这样的举动？就像您刚才所说，海外的金融机构投资中国工商银行有风险，我们去并购人家也会有风险。在这当中，您觉得从管理角度有什么可以分享的?

姜建清：工商银行建行之初完全是一家国内银行，1993年之后，开始在新加坡设立办事处，逐步在海外开设分行。在当时，海外分支机构的总体规模还比较小，分行的业务开展也有些困难。再有，当时工商银行在海外的知名度、影响力或者国际评价也都不高，所以制约了中国商业银行在海外的发展。但是，我们当时已经看到了，随着中国经济的扩大，特别是加入WTO后，一定会融入全球化的进程中，中国的企业也会逐步从采购全球化、销售全球化，走向生产全球化、投资全球化，当走到后两者的时候，就需要中国的银行去配套，提供就近落地服务。

苏　勇：给他们提供金融的支持。

姜建清：这是在渐进变化的。2000年前后，迹象还不太明显，特别是海外并购并不是那么普遍，但我们已经看到了趋势，提出要逐步走国际化道路。最开始很重要的一次是在2000年完成的对香港友联银行的收购，这家原来是招商局投资的一家香港银行，在亚洲金融危机时遇到了严重的资产质量问题。香港金融监管当局非常重视，请求中央政府帮助解决金融风险，提出请大陆的商业银行为这家银行提供担保，帮助他们在香港发行债券来补充资金。在这样的情况下，我们有了机遇，工商银行提供了担保，并顺利收购了这家银行。当时收购的时候这家银行规模并不大，两次收购用了大概五亿多美元，这家银行的利润2016年就达到了一百亿港元。

苏　勇：经营得很不错。

姜建清：很好。收购的时候规模非常小，大概是两三百亿港元的资产，现在是上万亿港元，盈利一百亿港元。随后，我们从东南亚开始，逐步从浅水区走向深水区，收购了美国银行、拉丁美洲银行、南非标准银行，后来开始走向非银行机构，收购了美国的证券清算机构和英国的商品公司。

苏　勇：有没有碰到过波折？

姜建清：基本上还行，因为在海外收购的时候，并不期盼“毕其功于一役”。我们大量收购的是中小型银行，通俗来说，“三个指头捏田螺——十拿九稳”，不要小看“用牛刀杀鸡”，牛刀杀鸡稳得很，并购风险比较小，容易通过管理提升价值，尽快实现整合，最后把机构串成整体，没有太大的风险。

苏　勇：收购了海外银行以后，工商银行都会派人去吗？

姜建清：我们都去。现在工商银行在全球42个国家有银行，外派人员14000多人。

苏　勇：14000多人派在外面？

姜建清：不是外派，是整个外面工作的人员14000多人，工商银行派出去的人大概有900人。

苏　勇：到2016年为止，整个中国工商银行有多少人？

姜建清：46万人。

苏　勇：您觉得领导这样一个46万人的航空母舰和您现在做的中东欧基金，都是金融机构，有些什么样的差距？

姜建清：当然不一样。资产规模不一样，管理人员不一样，工作性质也不一样。商业银行更重视的是团队，几乎所有业务都是以团队方式来推进。做投行或者做PE注重的是个人能力，当然有团队的支持，但是非常注重个体能力。

苏　勇：如果拿中国工商银行、中国农业银行、中国银行和中国建设银行四家国有大行来比较的话，您觉得中国工商银行的管理包括经营，有些什么样的特点？

姜建清：工商银行作为一个老银行，审慎、稳健的历史传承一直做得比较好，社会也比较公认。工商银行的员工到外面，有时候跳槽出去，大家都比较欢迎，因为有一个很基本的训练。当然，我们也赋予时代创新的特征，刚才讲了很多科技创新、综合化创新，无论在保险、租赁等新领域，还有融e联、融e贷等，都在中国名列前茅，这些都是我们创新的具体表现。

苏　勇：您曾经讲过一句话——主管一家银行好像在跑马拉松。这是什么意思呢？

姜建清：因为银行这个行业非常特殊，经营绩效反映在当期，风险是在之后反映的，这是一个方面；第二，按照一个周期来看，有时候银行在上行周期的时候，风险不容易暴露，而在下行周期的时候，会集中爆发。所以，一个商业银行家要完整地经历一次周期才能真正检验经营效果。从这个意义上来说，做银行家是跑马拉松，不能寄希望于一百米、一千米，甚至一万米的时候掌声响起来。

苏　勇：您总结得非常好，一个是当期，一个是整个周期，经济上行、下行的问题。

姜建清：所以要想当金融家，想当官，干两年就拍屁股走人，风险留在后面，这不是一个真正的金融家。

苏　勇：作为一个金融家，在互联网时代，您怎么看互联网金融公司对传统银行这样的金融机构带来的冲击？

姜建清：肯定有影响。银行的功能从传统的定义来看有四个方面：提供支付、资产转化、风险控制，以及信息处理，现在冲击比较大的是提供支付功能。第三方支付公司的介入，特别是在个人小额支付方面，在数量上远远大于银行。但是在总金额上，大的支付由于安全问题，还是在银行体系里。两者的年度金额比大概是9∶1，90%是银行体系，但是从笔数来看已经逆转了。

苏　勇： 他们是笔数多，金额少？

姜建清： 对，大概就是个人小额支付方面，通过互联网提供场景，线上线下结合，就近支付，解决了这些问题。但这不仅仅是支付问题，可以延伸到现在各种的理财产品，还可以延伸到信贷，需要引起高度重视。银行的缺点在哪里？一是在风险和效率便利的平衡上偏重于风险，二是构筑场景方面欠缺。

苏　勇： 什么叫构筑场景？

姜建清： 比如支付要有场景，在网上买东西当场就可以用支付宝支付，在饭店里吃饭，展示二维码支付，这就是提供场景。今天互联网的营销都是和场景绑在一起的，这是银行的弱点。银行要重视这方面，不能简单看成是支付问题。至于其他几项，资产转化简单说就是贷款融资，把分散、零星、短期的转化为集中、长期、大额的信贷，这种就是转化。

苏　勇： 互联网公司也在做这个，不影响吗？

姜建清： 影响非常小，因为关系到第三个问题，风险控制，而这是商业银行的本领。经过多年建立起来的风险控制体系，IT投资、专业人员和其他的经验和实践，付出了很多风险的成本，锻炼出了完善的风控系统，第三方支付公司在这方面是软肋，做的金额也非常小。在未来，银行和第三方支付公司都会在这方面努力改变，谁能获得成功，就可能在这个领域占领头角，这是竞争的主阵地，支付只是前沿阵地。而改善风控最重要的是靠信息处理，就是第四部分，双方各有各的信息，银行的信息大多是财务、生产、销售，是比较强的数据。

苏　勇： 包括现在的个人征信?

姜建清： 个人征信也有。个人的投资、消费等，信息多，时间长，容易处理，数据挖掘成本低。而互联网企业有大量的进场交易信息和习惯，数量也很大，具有动态性，但是掌握的画像完整性不够，有点碎片化。双方都在信息领域内争夺地盘，实际上争夺的是数据信息，因为这个功能会影响前面三个功能。这四个功能是互相联系的，用一句话来说，金融业或者银行业的功能是永远不会改变的，改变的可能是机构。

苏　勇： 这样一种业态是肯定存在的?

姜建清： 肯定存在的，中介是永远会存在的，因为信息不对称。

苏　勇： 要看你做得好不好。

姜建清： 从现在来看，对银行并没有现实的威胁，但从长远看，如果不努力，被去中介化的可能是存在的，要对自己有前瞻性的认识和布局，这一点非常重要。

苏　勇： 如果让您用一两句话来总结自己三十多年的银行工作经历，尤其是掌管中国工商银行这么大一艘“航空母舰”十六年，您如何来描述?

姜建清： 我只感到幸运，感恩我们的政府、商界，感谢团队员工给我这样的机会。我们也没有辜负大家的期望。当然，本来想着能够过更加自由、自在、自我的生活，看来这个愿望一下子还实现不了。

苏　勇： 很多媒体说，现在是您金融人生的下半场，您对中东欧基金今后有什么样的展望?

姜建清： 我只想能够为社会做更多的贡献，为客户提供更多的价值，这是我从事中东欧金融公司和中东欧基金的愿望。我相信，这是一片全新的领域，我们的工作一定能给“16+1”合作的机制，为中国和中东欧国家合作的机制提供金融上的动力。

苏　勇：谢谢姜董事长！
姜建清：谢谢！

【专家点评】

银行的银行家

徐小龙
博士、上海立信会计金融学院副教授

2000年2月，姜建清出任中国工商银行行长时，中国工商银行存在巨额的不良资产。2016年5月，姜建清离任中国工商银行股份有限公司董事长时，中国工商银行已经成为全球最大的银行——“宇宙行”，迈入了世界领先的大银行之列。姜建清执掌中国工商银行十六年间，中国工商银行取得了飞速发展，发生了巨大的变化。中国工商银行的巨变，虽然离不开中国经济持续高速增长的环境因素，但更离不开姜建清这位优秀的掌舵人在复杂多变的金融市场中所显现的领导作用。梳理2000年之后的中国工商银行大事年表，可以窥见姜建清所扮演的管理角色及其管理思想。

一、作为管理者的银行家

姜建清具有非常清晰的管理思路，善于从纷繁复杂的现象中抓住事物的关键和本质，采取强有力的管理措施。上任伊始，面对巨大的不良贷款，他采取了三步策略。首先，限定不良贷款新增的指标，下死命令，“任何人不能越雷池一步”，严格执行问责制，有效控制新增不良贷款率，极力控制不良贷款的增量。同时，他借用大禹治水的管理模式，采取疏导方式，将资金投向风险低且回报稳定的国家基础设施建设项目和个人住房贷款项目。然后，“清淤”，不断用银行盈利冲掉不良贷款，十年多时间处理掉2300多亿元的不良贷款。最后是堵漏，杜绝制度漏洞。姜建清将不良资产的一个重要原因归于银行内部管理不善。只有堵住制度的疏漏，才能从根本上解决不良资产问题。他通过制定严密的制度并严格执行，有效控制不良资产。对一个大银行来说，制度是银行管理的基本手段，也是银行有效运转的基础。此后的结果验证了他的决策和措施的正确性。

姜建清是一位从银行基层岗位成长起来的银行家，深谙银行管理之道。姜建清坚持按商业银行的规律经营银行。安全性、流动性和效益性是商业银行经营的三个基本原则，他始终把安全性放在第一位。一系列的决策和制度都以安全性为前提，在这个前提下追求盈利。比如，成立贷款审查委员会制度，委员对贷款进行无记名投票，委员们可以否决有风险的贷款，行长无权否决委员会做出的不同意的结论，但是行长有权否定委员会做出的同意结论。他认为，安全性是向客户履行信托的责任，是商业银行的核心意义所在。他一直秉承审慎稳健的管理理念。他一直强调，经营银行就像跑马拉松。“一个商业银行家，要完整经历一个经济周期，才能检验经营的效果”。商业银行的业绩看当期，而风险滞后，金融风险往往在经济周期下行的时候集中爆发。纵观西方银行的发展史，不少银行就是因风控管理的疏漏而招致灭顶之灾。姜建清审慎、稳健的管理风格为中国工商银行的稳步发展奠定了基石。

二、作为变革者的银行家

姜建清对传统国有金融企业存在的弊端和不足看得一清二楚。在中国经济改革的大背景下，他锐意改革，竭力推动中国工商银行管理现代化，按照国际上市公司标准改造中国工商银行。在主政中国工商银行之后，针对机构臃肿、坏账累累，他顶住压力推进改革，撤并营业机构，调整内部机构设置，建立适合现代商业银行发展的机构体系和业务体系，“压缩二线人员规模，调整充实一线”，精简营业队伍，实现减员增效。此后，他采取了多种措施，推进中国工商银行的改革，逐步让中国工商银行走向管理现代化。变革是他抓管理的一个重要手段。作为一名大银行的领导者，唯有主动求变，才能使银行应变激烈的市场竞争和复杂的金融变化形势，保持充满活力。

姜建清认为，“完善公司治理才是商业银行深化改革的核心”。在姜建清设计的蓝图中，中国工商银行应是一家“资本充足、内控严密、运营安全、服务和效益良好，具有较强国际竞争力的现代化大型商业银行”。股份制改革是实现这一目标的有效手段。他克服重重困难，把中国工商银行同时在上海证券交易所和香港联交所推上市，不仅仅是为了从国外引进战略投资，获取充足的资本，更重要的是借此推动机制体制改革，建立完善的现代公司治理结构，借助外部压力推动内部管理，形成有效的约束机制和科学的运行机制。成功的股份制改革为中国工商银行腾飞插上了一双有力的翅膀，为此后的一系列境外金融机构并购奠定了基础。

三、作为开拓者的银行家

姜建清审慎、稳健的管理思想丝毫不意味着保守经营。相反，他放眼世界，在经济全球化的浪潮中寻找拓展国际市场的机会。虽然中国工商银行从20世纪90年代就开始在海外开设分支机构，但总体规模小，业务发展量也很小。在经济全球化的趋势下，我国越来越多的企业“走出去”，为我国商业银行的国际化经营提供了契机。姜建清看到了中国企业在融入全球化过程中对金融服务的需求。他认为，当中国企业走向生产全球化、投资全球化，就需要中国的商业银行跟着“走出去”，就近贴身提供金融服务。“推进国际化发展成为中资银行的必然选择”，基于这一分析判断，姜建清做出了全面推行中国工商银行国际化战略的决策。中国工商银行在境外开展了一系列收购兼并，开创了中资银行兼并重组境外上市银行的先河。中国工商银行的国际化逐步快速推进，目标市场由新兴市场扩展到全球市场，客户结构转变为多样化，既有中资企业也有跨国公司，服务内容从传统业务转变为现代金融服务。中国工商银行国际化起步较晚，但取得了跨越式发展，成为中资银行国际化的样板和标杆。

姜建清审时度势推动中国工商银行国际化，主导推动海外金融机构多次并购均获成功，成为国内外商学院教科书中金融机构跨国经营并购的经典案例。姜建清推动的中国工商银行国际化，有几点值得国内金融机构和其他企业借鉴。首先，作为一个卓越的银行领导者，他对经济全球化下的金融业务全球化趋势有着高度的嗅觉和敏锐性，这种能力来自他对西方金融机构国际化的历史经验研究、对中国企业融入全球化的逻辑分析及对客户需求变化的深刻洞察。他的准确预见显然是深入思考的必然结果。其次，制定了以满足目标客户需求为导向的国际化发展战略。中国工商银行以满足客户全球金融服务需求为出发点开展国际化，采取申设与并购并举，循序渐进，争取成为在华外资企业和国内“走出去”企业的首选合作银行。最后，采取稳打稳扎的并购策略。姜建清审慎、稳健的管理思想在境外银行并购中同样得到充分体现。中国工商银行对并购的对象精心挑选，主要是中小型银行，“从水浅地方入水，逐步走向深水”，并购地域从亚洲开始，逐步扩张到非洲、美洲和欧洲，并购对象从银行开始，扩展到非银行的金融机构，摸索出以股权交易带动战略合作的并购思路，强调通过整合提升共同价值。

四、作为创新者的银行家

科技与管理是推动企业前进的两个轮子，银行也不例外。姜建清非常重视应用科技手段尤其是IT技术对银行管理、银行服务和银行产品进行改造和创新。金融创新的背后都离不开科技因素。他认为，金融与科技是水乳交融的关系，“没有现代的科技，就没有现代的银行”。他把信息科技视为提升中国工商银行核心竞争力的重要手段。他高度重视银行信息化，并应用信息技术将中国工商银行成功改造为一个信息化银行，最早构建完整体系的电子银行和网络银行。中国工商银行发布的互联网金融品牌“e-ICBC”是同行业中第一个推出的互联网金融品牌。在这些行为的背后，都充分体现了他深刻认识到科学技术对银行业的影响。银行服务要与时俱进，科技无疑是首要因素。缺少科技支持，金融创新也难以持续。一个银行管理者如果忽视科技的应用，终将会使银行落伍，步入淘汰边缘。

五、作为学者的银行家

姜建清是一位优秀的学者，著述丰厚。他在上海交通大学获得管理学博士学位，受到过良好的学术训练。此后，又到美国哥伦比亚大学做访问学者，目前还在上海交通大学兼任企业管理专业的博士生导师。姜建清在经营和管理银行的过程中，缜密的逻辑思维、深刻独到的见解、超前的管理理念以及娴熟的管理技能无不与他的理论素养和研究习惯有着密切的联系。他在经营银行的实践中，不忘对金融问题和银行管理开展理论研究，发表了很多具有真知灼见的论文，为同行所称道。他既是一位理论探索者，又是一位理论践行者。在采访中，我们在他办公室的书柜看到他不时翻动过的理论书籍。他有着学者的情怀，喜欢阅读，勤奋钻研，充满激情，不忘使命，乐于把思考的结果与同行分享，同时又付诸实践。或许，这些正是他成为一个真正银行家的重要因素。

张　磊

踏浪而行　重仓中国

主 持 人： 周健工　上海第一财经传媒有限公司CEO

访谈对象： 张　磊　高瓴资本创始人

访谈时间： 2017-09-17

访谈地点： 高瓴资本管理有限公司香港分公司

周健工： 张总，谢谢您接受“改变世界——中国杰出企业家管理思想访谈录”项目的访谈。这些年来，不论是在中国的创新、创业领域，还是在新经济板块，高瓴资本管理有限公司（以下简称高瓴资本）都在它们的发展中扮演着重要的角色。在海外和国内上市的一些具有创新精神的大公司，或是一些高速成长的行业龙头企业，也都可以看到在背后支持他们的高瓴资本，比如早期的VC（风险投资）和PE（私募股权融资），还有二级市场，甚至在新三板中也都可以看到高瓴投资的公司。高瓴资本的投资方式和理念在国内应该说是独树一帜的，包括我在内，很多人都非常好奇，你们是如何形成这样一种投资理念和风格的？我们都知道，您是耶鲁大学金融专业毕业的，耶鲁大学在捐赠基金的发展过程中形成了著名的“耶鲁模式”，您以前的老师也是享誉全球的投资大师。所以，我想先问一下，高瓴资本的这种投资方式，和您的这位老师还有耶鲁模式，是不是有一脉相承之处？

张　磊：谢谢你，非常高兴能有机会来分享。我想，投资理念和模式确实和耶鲁基金的管理模式是一脉相承的，比如强调长期投资，关注价值投资，而不只是做一个短期交易。我们很少做交易型投资，但做了很多长期投资和价值投资。另外，我觉得，如果把这些都作为投资工具或策略，它背后更深的其实是投资哲学，而这些哲学很多都来自中国，说中国没有投资哲学的观点是错误的。就先秦诸子而言，如果把投资作为一个大历史、大方向来看，孔子就是教育领域最好的投资家，老子的治国理念等实际上也都是投资。

什么叫投资？从根本上讲，投资就是再分配资源，而资源可以是资本、人力、时间，也可以是国家和社会。好的投资是能够为社会提供润滑剂或者杠杆，助其创新，实现腾飞，是把资源分配到最适合和最应该做的事情上去，一起为社会创造价值。从这两点上来讲，高瓴也说过类似的投资哲学，如“守正用奇”。正，就是君子不立危墙之下，不能只要赚钱就跑过去。奇，就是和别人不一样，不能看到今天大家都在追这个风口，你也去追。你要守正，但要有所不同。

再比如，“君子和而不同”“弱水三千，只取一瓢”等，都是我国古代的重要思想资源，让你能够在复杂多变的社会生活中，始终能抓住自己的这一“瓢”。当然，随着个人能力的增加和视野的扩大，这个“瓢”可能越做越大，但还得有属于你自己的那一“瓢”。中国和西方还有一个非常大的不同之处：中国人低调，不张扬。如同司马迁在《史记》中谈到李广的为人时所提到的“桃李不言，下自成蹊”。桃树、李树虽然都不会说话，但由于它们结满了果实，为社会创造了价值，就会有很多人去找它，因此树下自然会被人们踩出小路来。这说明人们没必要去在乎有多少人知道你，关键是如何通过自己的实践活动为社会创造价值。桃树、李树虽然长在偏僻的地方，而且它们都不会说大话吸引人们的关注，但由于它们都长出果子，为社会创造了价值，就会有人找到它。中国哲学博大精深，能够给心灵一片宁静，尤其在中国高速变化的社会中，需要保持这种宁静，知道做什么，不做什么，这就是势、道、术中的势和道，而术是工具，或者说是方法。举一个例子，我做VC、PE，做长期投资、二级市场，包括做新三板，都属于术这个层面，而势和道是什么，就是你是谁，从哪里来，到哪里去。我称自己为投资者，实际上，也是创业者，只不过正巧我的创业领域就是做投资，就是用投资的方式来表达自己的创业家和企业家精神。按照我们的理解，好的企业在术的层面上，做什么其实没有那么重要，更重要的是你背后用什么样的精神来做，也就是做长期投资、价值投资，不断地去创造价值，这也是你的“护城河”。至于如何盈利、利润从何而来、市场价值如何被体现，这些都不用太担心。“桃李不言，下自成蹊”，最后都会自己出来的。

周健工：我问了关于大卫·斯文森的投资理念，您很快就总结出了它与中国传统文化的相通之处。关于大卫·斯文森的观点，我之前做了一些功课，他觉得短期的流动性并不是那么重要，反而非常看重对私募股权的投资。另外，他非常强调“护城河”和长期投资，这也是个老话题。其实，很多人都争论说，价值投资在中国行不通，而是要风险投资，“风口论”特别流行，一会儿这儿来一个风口，一会儿那儿来个风口。我想问的是，耶鲁学派的投资回报怎么样，您能不能简单介绍一下？

张　磊：长期投资的回报非常好。具体的数字我忘记了。过去的20多年，平均每年都有17%、18%的回报率，这是什么概念呢？1985年到现在超过30年了，如果不用耶鲁模式，只用传统模式，一半买股票，一半买债券，大概每年能回报10个点。30年每年都回报10个点，你创造了多少的社会价值和财富？对于一个机构和整个社会来讲，你把更多的资金用于长期支持创新和科技的发展，支持私募股权的投资和企业家精神，你可以给社会创造多少的外部效应？当然，不管是美国的捐赠基金也好，大学校产基金也好，我们都是第一，而且也应该是全球第一，为什么能够做到这一点？靠的就是坚定不移地执行长期投资的价值理念。

另外，斯文森可圈可点的不止这一点，他不仅是自己好，赚了钱，还带来了耶鲁流派这样一个概念。现在去看全美著名大学和教学机构，像普林斯顿大学、斯坦福大学、宾夕法尼亚大学、MIT（麻省理工学院）、哈佛大学等的主要负责人，都是大卫·斯文森当年培养出来的。换句话说，他自己培养了很多的竞争对手，为什么这么做？就是为社会创造价值，他的理想是为整个社会作贡献，资金反哺高等教育。在高等教育领域，哈佛、耶鲁没有竞争吗？当然有，但和企业之间的竞争，比如可口可乐和百事可乐之间的竞争是不一样的，更多体现出的是竞合友善，高等教育是为了整个人类的未来可以更美好。所以我觉得他们做了非常好的事情，一方面树立了长期投资和价值投资的理念，另一方面用这个理念去影响更多的人，促成他们更好地反哺教育，希望中国将来有机会也做这个。

周健工：大卫·斯文森关于证券领域的组合理论是非常有建树的，谈到价值投资，也是一级市场私募股权和二级市场的组合，他和巴菲特之间有什么不同吗？

张　磊：我觉得巴菲特是具体选股的高手。比如说，我选哪一只股票，或是选哪一个PE项目，买哪家公司，巴菲特是高手。斯文森首先是个资产配置的高手，有很好的投资理念，更适合做机构投资。大机构，比如中投，都是把斯文森的书当作指定教材的，因为对于大机构来说，不可能每一个选股都自己做，而是需要和投资合伙人一起。如何去思考这些问题，如何把受益人的利益最大化，如何整合好资产，这就是很有意思的一件事情。真正的收益中有70%首先来自资产配置，

20%来自具体的选股或者项目，10%来自择时，也就是选时间，换句话说，首先是你能不能选对大的资产配置方向。在二十世纪五六十年代，或者六七十年代，你投资美国，2000年以后你投资中国，大方向错不了，紧跟这个大浪潮就对了。假设你买的仅是股票、债券，就永远没有办法参与这一轮的科技创新。

周健工： 刚才您谈到巴菲特是选股高手，斯文森是投资组合的大师。我翻了一些资料，斯文森也写过关于个人投资的书，提出了一些建议，您觉得这些建议对中国的个人投资者有帮助吗？也就是用组合的理论来帮助个人投资者。

张　磊： 我觉得非常有价值，他讲的很多理论都是非常有道理的。比如讲个人投资要分散，在此基础上去投成本相对较低的组合；要有长期的投资理念，不能永远买高卖低，不能一有恐慌就跟风；他还提到资产再平衡理论，你股票涨多了，市场渠道泡沫了，资产占比就超支运营了，就应该把超过的部分卖掉。实际上，它是一个自动再平衡。他提出了非常具体的、很实用的一些工具和方法。

张磊（右）接受周健工采访现场

周健工：我们再回到高瓴资本，到目前为止，高瓴资本的回报是不是已经超过了耶鲁大学的投资基金？

张　磊：我们是这个大组合中的一部分，不对外宣传。实际上，在过去十几年就已经远远超过斯文森的组合，我们也是历史上对耶鲁基金贡献收益最高的。

周健工：很重要的一点是不是你们在过去的十几年间很坚定地重仓了中国呢？

张　磊：对，我觉得就是刚才所讲的大的资产配置。所谓的重仓中国，就是重仓未来。什么叫未来？就是创新。为什么重仓中国？因为中国是世界的未来。

周健工：巴菲特也讲过，如果是在20世纪50年代或者60年代，出生在美国这样一个全球第一大的经济强国，整个经济和产业都在高速成长，你在这个时间段投资这个国家，回报率会远远高于在其他国家和经济体系中的投资。您是不是以同样的观点来看待现在的中国呢？

张　磊：非常对。首先还是大的战略要对。我们处于中华民族伟大复兴的时期，进行了长期的积累，而且形成了国家发展的共识。可以说，大家一起来发展经济，创造社会价值，在这个巨大的价值创造过程中，作为投资者，实际上也是参与者。只有在这样的国家里，才会有最大的机会，“第二次世界大战”后的美国和21世纪的中国都代表了这个大的方向。

周健工：我想很多人都可能看到了这个大趋势，高瓴资本为什么可以抓住？比如说，中国出现了电商，您为什么选了京东，而没有选阿里巴巴，中间有什么区别？你们在执行的过程中是如何具体操作的？

张　磊：我觉得就是共赢策略。中国产生了腾讯、阿里巴巴、百度这样伟大的互联网公司，也不断地会创新出像京东、美团等这样的互联网公司，还有我们投的百济神州。百济神州是一家世界一流的通过免疫疗法治疗癌症的科技公司，我觉得创新是在各个领域发展的。

回到这一点，我们怎么去作研究，怎么选到好的公司呢？第一，你要有一个长期价值投资的心态，而不是做一个短期收益。做长期投资的前提是要做深刻的基本面的研究，研究后你才有信心，才能去做好的战略部署，形成自己的一套理念和理论体系框架，并在选择公司的过程中不断地加以完善。当然，我们也有过失败的案例，从失败当中寻找到为什么错了，需要在哪里调整自己，再继续往前走。我相信，中国的创新是一波接着一波的，前面有百度、腾讯、阿里巴巴，又会出来新的一波，后面还会有，一波一波往前冲，就能推动整个社会的创新向前发展。第二，我们在科技上做出了一点点成绩，有了一些能力和经验，应该去帮助传统企业，这种利于科技驱动的产业升级也是非常好的投资。

周健工：您说过高瓴资本在投资的时候特别看重公司的创新者和企业家团队，那您是如何识别这些人呢？我们知道，看一个公司的时候，您可能看出它未来的一两年、两三年的发展，但高瓴是一个超长期的投资，您怎么看它五年到八年以后呢？窍门是什么？

张　磊：问得非常好。世界上永远不变的只有变化本身，你如何在现在就能看到将来是怎么样的呢？我相信，包括今天的阿里巴巴和腾讯在内，十几年前也不知道发展模式会变成现在这样，所以说，做企业家有几点是很重要的。

第一，企业家要具备学习精神，而且能够打造学习型组织，拥有不断自我学习的能力，而不是觉得已经是专家了，就什么都懂了。好的企业家是承认不懂一些东西，但是愿意去学，不断进步，用科学的眼光对待学习。

第二，企业家要拥有强大的聚人能力，能把人聚集在一起。聚人方式有很多种，有人说用钱来聚人，这是一个很朴实的观点，但还不够，还要有很好的理念和文化，好的公司都有。

第三，企业家要具有很强的对于自己边界的认识。企业家不一定适合做每一项事业，比如说，让马云去做马化腾的工程师工作，天天盯着微信，或者让马化腾去做马云的全球销售，都不是特别合适。就是说，好的企业家要有充分的自我认知，能看到自己适合什么，称之为合适性。不但是创业者个人，包括创业团队，都要找到合适的事情，就是所谓的天时、地利、人和。

周健工：高瓴资本在中国投资的公司数量并不是最多的，但是管理规模却是最大的。那么，高瓴在选择公司、团队和企业家的时候，是出于更加的谨慎，还是因为一定要选规模较大的公司？

张　磊：让我们很佩服的企业家是有限的，真正能够不断地复利增长，像滚雪球一样长期创造收益和价值的也是有限的。作为投资者，最重要的目的是把社会的资源聚集在一起，寻找最值得的方向去投资。像我们说的他们要有强大的学习能力和组织变革能力，能够让这些资源产生乘数效应，不管是对于股东，还是对社会，创造出的价值都是最大化的。他们要不被分心，不被各种各样的小事分散注意力，而是聚焦到长期的创造价值上去，不断地去推动科技进步。当然，很多人的投资是属于天女散花型，从投资上来说，这无可非议，也是一种很好的策略。但是从理念上，我们更相信长期投资，比如说你投了200家公司，如果每家公司一年开4次董事会，那一年就得开800次董事会，你开得了吗？不但浪费时间，而且董事会多流于形式。我们希望投资人投得少一点，在每个项目上花的精力就可以多一点，能真正帮助大家一起成长，这是不同的理念。

周健工：你们和你们投的公司之间会更密切一点，比如说像美的，高瓴在里面是“五进五出”吗？

张　磊：我们不是“五进五出”，高瓴在里面进行了很大一笔的长期投资。所谓长期投资，就是说，我们不单是让公司找到了很好的战略方向，而且还和公司一起去思考到底要达成一个什么样的组织？不单个人要好，整个中高管理层也都能得到提升，能够不断适应变革的要求，更好地去经营管理，更好地去在全球范围内竞争，不仅是在中国。这些思路，包括资本配置等，都是我们经常与高管交流的内容。当然，这里面还有实现自我选择的过程，这是我们的理念。也有很多企业不见得听说过我们的理念，那这些企业就不是最适合我们投资的，也就是说，要能和我们进行交流，成为真正的合作伙伴，共同推动企业向前发展。

周健工：你们在美的有董事会席位吗？
张　磊：没有，我们不认为一定要有董事会席位才能去影响公司，更多的是要靠理念。当然，美的公司也曾经邀请我们进入董事会，被我们拒绝了，因为我们无法保证能参加每一次董事会。

周健工：你们认为对美的影响最成功的是哪一个方面？
张　磊：我觉得是打开视野，能够用世界上最好的企业经营理念与公司进行交流，让它能够不断地去对标全球最好的企业，可以更加地高屋建瓴，而不只是忙于眼前的事务。我对美的现在的管理层是充满信心的，它是一个具备强大学习能力的组织。

周健工：既然你们在董事会里没有席位，那您更多的是通过和方洪波董事长、何享健老先生的个人层面交流，还是通过一些制度来与公司进行互动？
张　磊：都有。他们中高层的年会我也去做过演讲，从机器人行业到全球的家电行业我们都有过一些研究，去做一些分享，让他们看到全球格局的变化。

周健工： 最近，高瓴资本很大的项目是百丽的私有化，斯文森会做这样的投资吗？

张　磊： 我相信他也会考虑的。这个机会是比较独特的，因为中国和美国不同，美国是一个相对比较成熟的社会，这点有好有坏，好的是所有的社会条条框框都比较成熟了，但增长也慢了。而中国是一个成长型的社会，中国的科技在不断地创新和变化，如何通过高新技术来帮助传统企业更好地发展是非常有意思的事情。

周健工： 其实，你们不仅做了投资，还深入到了企业的管理、经营和运营层面。这是一个有十二万名员工的公司，只有一两百名员工的高瓴是如何去管理的呢？

张　磊： 首先，很多传统企业都有许多优秀的基因，他们能走到今天，一定有很多做得好的地方。以百丽为例，它有一个非常优秀的管理层队伍，而且七八万名基层店长和店员也都非常努力，这些都是好的基因，也是他们为什么能够做到全中国前十大女鞋品牌里有六个是百丽，整个中国规模以上的女鞋销售中它一家就占了将近10%份额的原因。

你再去看百丽的运动板块——滔搏，这是中国最大的运动零售商，是阿迪达斯全球第一大零售商，也是耐克全球第二大零售商，这肯定是有很多好的基因的。这样好的公司遇到了什么挑战呢？就是在科技和互联网时代，如何更好地和消费者进行沟通，更快地把消费者的意见反馈到产品和供应链上，提升自己的优势。邓老先生是创始人，已80多岁高龄，他在新闻发布会的一段东西，我觉得写得很好，他认为，“高科技元素能够帮助十几万人的优秀企业获得新生，走向一个新的发展阶段”。当然，这对我们来说也提出了很高的要求，虽然我们投资了很多企业，但是不是有能力去帮助百丽公司？现在看来，我们非常好地打通和解读了数据，充分利用到供应链上。百丽这么大的企业，年销售五六千万双女鞋，全球第一大女鞋私人企业，是怎么去发展的呢？很不容易。大部分都是外包，也有自己的工厂，两万多工人，这些都不是包袱，要变成我们的资产去用好。我们只不过是用高科技的方式，更快速地把消费者的需求传输到工厂，更快地把产品反馈上来，更快地投放到店面，让店员更好地和消费者进行沟通，这种链接是能够帮得上忙的。

周健工：那可不可以说是你们超长期投资和看好中国整个消费未来的独特实践和尝试呢？

张　磊：从某种角度上说也是责任。我们做高科技投资的赚了很多钱，但也创造了很大的社会价值。实际上，普通的民众没有享受到高科技发展成果，我们把这十几万员工一并带起来，用科技帮助他们提升效率，助其转型。所以，我觉得科技驱动产业升级是中国的未来，否则，中国只是变成几家几个，这对大的生态不见得好。我希望科技公司是赢家，但是科技公司反过来也要帮助传统企业一起成为大的赢家，这是未来。

周健工：通过高瓴资本在中国的实践可以看出，到目前为止，从耶鲁学派到耶鲁模式应用到中国后的十几年，所取得的回报高于耶鲁大学的捐赠基金，而且规模也超过了他们，现在是？

张　磊：350亿美元。

周健工：我记得耶鲁2016年是265亿美元，已经超过他们了。刚才也谈到，很大程度是看好中国的长期增长，看好中国经营体制在全球经济的重要位置，这是重仓中国的一个结果。其实，中国也在走向全球化，那将来你们在全球各地投资，这样一种在中国的方法和理念在世界其他地方也有效吗？

张　磊：我认为非常有效。目前，就创新而言，十几年前的中国商业模式本质上都是C2C，把模式拷贝在中国。今天的创新已经越来越多地被我称之为“IFC”，即“从中国来的创新”。对发展中国家来说，相对美国的创新而言，中国的模式更加有效，更有直接的关联作用。因为美国是一个富足和相对发达的社会，而中国很多的创新都是从免费和廉价模式发展起来的，对印度、印度尼西亚、拉丁美洲等国家和地区更有关联性，商业模式也更加好用。比如在印度尼西亚，我们当时投的都是很小的公司，现在市值已经是35亿美元，实际上是把中国的影响带到了印度尼西亚。我们在中国投资了美团，在韩国也投资了韩版的美团，越做越大，做当地服务的都说是韩国的美团，那就是说，中国的创新已经在引领世界了。再看腾讯和阿里巴巴的创新，在全球都是领先的。

周健工：IFC是你们未来在全球各地投资的一条主线吗？

张　磊：对，IFC是一条主线，而且这条主线可能会对发展中国家，尤其是“一带一路”沿线国家来说更有关联作用。因为他们和中国的国情，尤其是十年前的中国国情是比较相近的。中国这套模式对他们而言比西方的更有效。

周健工：但是，“一带一路”上很多国家的局势不是特别的稳定，风险也较高，你们是怎么看这个问题的？

张　磊：我觉得还是要用一种长期的和大历史的眼光来看，就像当年美国政府实施马歇尔计划的时候，欧洲和日本的局势也都不稳定，但都慢慢发展起来了。作为一个大国，中国一定可以提高我们的产能输送能力，进而提升影响力，帮助到更宽地域的人们。

周健工：其实，谈到这一轮的科技创新，实际上造就的是一些巨头型的技术公司，快速创造财富，诞生了很多富豪。无论在美国还是在中国，技术公司如何帮助实体经济都很受关注，高瓴资本在中国也有一些这样的尝试，比如说刚刚谈到的百丽等。那么，你们在这个领域还做了哪些投资?

张　磊: 其实，我们在科技和传统企业结合方面做了很多尝试。比如，我们刚刚投资了普洛斯，这是一家普通的物流地产公司，作为仓储物流行业，科技创新如何实现智能仓储，如何使仓储供应链链接得更好，更好地完善供应链金融，实现虚拟订单存单，加速周转，都是值得关注的。如果中国把仓储物流费用降下来，车辆空跑的问题就解决了，不过你要尝试更多其他的方式。不管是帮助“孩子王”这样专注母婴领域的品牌更好地和消费者进行对接，还是说帮助新创出的品牌如何创新出符合“90后”年轻消费者需求的产品，比如“江小白”等，大家觉得已经有茅台、五粮液了，为什么还要有江小白?我们就投资这家企业，把它扶植做大，它代表的是一种新型的小白酒。

周健工: 文案很有特色。

张　磊: 这些都代表了新的发展方向。实际上，消费者的需求越来越多样化和细分化，要想引领消费者和整个中国的传统产业进行科技创新，就不能只把理念应用到产品上，还要做到能应用到营销和文案上，应用到整个发展上，我觉得这里面有很多的路可以走。

周健工: 但是，如果是一个价值投资者，更应该投的是茅台而不是投江小白。

张　磊: 我们投了茅台，也投了江小白，这不矛盾，并不是说一个人的成功是一定要消灭掉另一个人，而是说他们能够把市场细化。茅台有茅台服务的市场，江小白有江小白服务的市场，关键是能够在自己选的市场中做好，做到极致。

周健工: 以后在中国问您是不是价值投资者，首先要问您有没有买茅台，是吗?没有买的话就是一个伪价值投资者。

张　磊: 我觉得这是一种狭义上的价值投资者。狭义上，价值投资者想买的东西一定要是大家都认可的，但现代的价值投资者不但要发现价值，还要创造价值。我们发现好的公司，在价值创造的同时，还可以帮助公司成长，这一点上我们在背后花了大量精力。我们有两百多人，真正做投资的只有四十几个，大部分人的任务是帮我们投资的企业去成长。

周健工：听说你们有一个数据中心来分析企业、行业和经济趋势？
张　磊：是的，通过研究经济发展趋势来帮助我们所投资的企业。比如说百丽，通过开展数据化、智能化、移动化等的创新，实现现代企业的数据化改造。这方面我们毕竟见多识广，是能够帮得上公司的。

周健工：也可以整合你们投资的一些高科技企业的资源，共同开发数据中心。
张　磊：对，也能帮助到这些企业，最好能够不断地去培训，最终变成这个公司自己的能力。所以说，很多时候我们是扶上马，送一程，再加上培训。

周健工：是专门针对像百丽这样的传统企业呢，还是包括一些科技企业呢？
张　磊：科技企业本身的特点就是不断在变化，对他们也是有帮助的。我觉得，将来对传统企业的帮助可能会更大。

周健工：刚才提到了超长期投资的概念，但是作为一个基金，还是希望在七八年以后能够退出，实现回报。当你决定超长期进入一个公司的时候，是如何把握好这样的一个节奏的？
张　磊：并不是说超长期就一定没有回报，反而会有更好的回报，也就是“风物长宜放眼量”。你是往前看的，但这和你有更好、更早的回报是不矛盾的。

周健工：但是你们也可以做一些调整，比如最近对京东的一些调整。

张　磊：对，那么大的基金，要有一些平衡，对一些相对占比过高的要进行自动调整，这是正常的资产组合和配置的风险控制。

周健工：对于投资来说，都在把人工智能应用到资产组合或者交易中，你们主要是依靠人来判断呢，还是说有一些成熟的利用智能化的模式？

张　磊：人工智能只能解决短期的信息不对称问题，很难对一个业务产生正确的判断，特别是对企业家的判断。我觉得，人工智能可能会替代基金经理，特别是做短期操作的基金经理。

周健工：你们在这个领域有哪些布局？我看到你们投了像“地平线”这样的芯片类公司。

张　磊：对，我觉得核心还是背后的人才和科技。

周健工：高瓴资本投资的公司中既有高科技企业，也有一些传统领域的企业，既有重资产，也有轻资产，但是你们的价值投资有一个非常核心的理念，就是打造“护城河”，或者在某个领域内形成垄断。在面对这么多处于不同成长阶段、不同规模的公司，你们用什么方法来打造“护城河”？

张　磊：很多人首先会僵化“护城河”的概念，就是一定要做成垄断。实际上，我不认为这是一个好的收益模式。我经常开玩笑说，要做就做大，做大了以后，就做成永恒，永恒不就垄断了吗？但是，我又加了一句，“早死早超生”，就是要颠覆自己，不断创新，否则，这种垄断对社会资源来说就是浪费。换句话说，我对“护城河”的理解是一种动态的变化，它的核心是能不能不断疯狂地创造出长期价值，如果不能，那就是一个“纸老虎”。只有不断疯狂地创造长期价值，用动态的理念去理解，你才有机会把自己的企业和社会进步结合起来，企业也才能做大，打造这种能力就是我们帮助企业家的一个方向。

周健工：你们具体会怎么做，是一个品牌战略，还是渠道战略？

张　磊：可能是品牌战略，也可能是渠道创新。对某些企业来讲，要打造一种轻资产的模式，实现品牌输出。还有一种模式，像京东，管理重资产，实现最好的消费用户体验。不同的商业模式要用不同的方式去做，所以说，不要先问什么模式好，而是要先问你创造不创造长期价值。

周健工：我们这个项目是关于中国企业家管理思想的，您在中国投了许多非常成功的企业，也和很多的企业家打过交道。我想问，中国企业在国际上的影响力越来越大，您刚刚也说了中国很多的创新模式，那中国的管理水平是怎么样的？

张　磊：中国的管理水平可以说还处于逐渐固化的过程，简单地说，我们的管理哲学还在路上。但是我觉得机会非常好，已经形成了很多很朴素的管理哲学，比如马云、任正非、马化腾、张小龙等，只是还没有体系化、框架化，但方向非常好。而且，中国在配套管理上还有一个非常好的地方，就是它孕育的土壤非常肥沃，人民非常有激情，愿意去创新创业，很愿意接受新鲜事物。有的国家已经故步自封，社会阶层也不再流动，而对中国来说，如果有好的理论，还是会有大的用武之地的。

周健工：从表面上看，十年以前，中国主要的管理思想和管理方式还主要处在向西方，特别是向美国学习的阶段。当然，我们也向日本、新加坡等国家，以及中国台湾、中国香港等地区的企业学习。实际上，中国企业家更关注接地气的、实用的管理方法，而不是说过早地去总结一些思想，你觉得中国是不是处在这样的一个阶段上？

张　磊： 我觉得不同的发展阶段有不同的角度和路径。中国很多小企业还处于解决生存问题的阶段，也就是早期发展阶段，可能这方面的思考会少一点。但是，有一些领头羊企业已经做了很多这方面的思考，走得很远了。我觉得，中国人才济济，还是会有很多好的想法的，我充满期待。

周健工： 刚才谈到IFC，在国外找比如韩国的“美团”、印度尼西亚的“去哪儿”或是印度的“小米”，您觉得中国的这些管理模式是可以应用到这些国家的呢，还是说这些国家回过头来依旧会学一些西方跨国公司的管理方法？

张　磊： 我觉得中国很多管理思想和方法是完全可以应用到印度尼西亚、泰国等这些国家的，尤其是对早期初创型企业就更加有效。比如我们投资的游戏和电商公司，就直接把中国的很多模式拷贝过去，CEO、创始人也都是中国人。

周健工： 刚刚谈到了一些初创公司，在他们的早期阶段，中国企业的一些做法是很有效的，但如果是有一定规模的呢？比如像美的、华为这样的公司，以及中国的互联网巨头，当他们在海外开拓新的业务时，您觉得他们更多的是靠本土经验，还是在世界范围内探索？中国本土产生的这些跨国或者是全球性企业是否有一些共同的东西？

张　磊： 我觉得像美的这样的企业在形成自己的全球化管理理念，在这个过程当中，根据我的直觉，很多从根本上是来自于我们非常深厚的传统文化的积累，比如儒、释、道的一些思想，同时又兼收并蓄了很多西方的现代科学管理理念。儒、释、道给了很多的精神层面的内容，或者说是企业的魂，而你在外面怎么做，做出什么样子，有什么具体的可量化的东西，西方的管理思想也可以采用。

周健工：所以说，高瓴资本不仅是用资金支持企业，而且在这些企业的成长过程中，不断地去丰富、充实一些管理方法，起到一些作用，是吗？

张　磊：对，我觉得至少是一个有益的对话，帮助他们进一步开阔视野，我们也是一个学习型的组织，能够互相启发。

周健工：我们回顾一下，日本企业也经历了这样的一个过程，在二十世纪八九十年代时形成了自己在世界企业管理领域内非常有影响的一些思想。

张　磊：日本对世界企业具有影响力的最重要的管理思想来自丰田。

张磊（右）和周健工合影

周健工：对。您觉得中国会像当年的日本那样，出现许多著名的企业家，他的经营管理理念和管理思想在国际上都很有影响力？

张　磊：会出现的，只是时间问题。随着创新驱动型产业变革的出现，中国有机会再创造出一套好的管理体系，特别是在变化比较大的产业中，中国有机会走到世界前面。

周健工：您非常重视教育，我知道您在参与西湖大学的创办工作，也就是现在的西湖高等研究院，还在您的母校——中国人民大学也作捐赠。您为什么这么重视教育？当然，做教育捐赠是很多成功企业家愿意做的事情，但是，您为什么愿意去参与一些新型大学的创办呢？

张　磊：我觉得教育从根本上来讲是国家进步的驱动力，社会发展的原动力是来自人才的，就像说投资投人，投人是什么？人就是通过教育形成的一个不断为社会贡献的结晶体。教育，我认为是一个投资，而且是永远不需要退出的投资。长期投资，就是投教育，通过教育不断地创造出更多的人才，推动社会进步。

在中国，我觉得教育是有很大机会的，因为人们对好的知识是非常饥渴的，愿意去学习。中国人非常勤奋，也有很多优秀的家庭教育理念，我们能做些什么？我觉得是把创新型的思维方式融入教育，不仅是在人民大学，还是在高等研究院，通过联合办学，或者引进国外大学到国内等方式，帮助年轻人开阔视野，培养复合型人才，这是第一点要做的事情，也就是把创新型思维引到当今的教育体系。我们的教育在知识型、技能型方面做得还不错，甚至可以说相当好，但是，现在社会竞争已经越来越前沿了。我是耶鲁大学的校董，耶鲁大学算是世界一流大学，作为中国人，我可以近距离观察真正的世界一流大学是如何运作和管理的，进而总结出一些理念，引进到中国来。同时，我觉得要把创新型的教育模式赋能于每一个年轻人身上，帮助他们绽放，给他们一个机会，找到最好的自己，打开视野。第二是要来弥补教育上的一些不均衡和不足。比如，我们在河南，我的家乡，做了一些奖学金项目。

周健工：中国人口大省。

张　磊：对，一亿多人口，但没有一所好的大学，为什么？我花大量精力拜访了国际上十几所大学，想说服他们去河南。但他们说，去中国也是去北京、上海，不会想到去河南。但是我认为，河南有机会和世界一流大学合作，想要帮助这一亿多人，没有一所好的大学是无法成长的。一个企业家年会请施一公做演讲，演讲后现场募捐，一位做螺纹钢期货的朋友现场就捐了一亿元。我相信通过凝聚企业家的力量可以改善教育上的不均衡，或者基础研究方面的不足。

周健工：那您为什么采取高等研究院这种形式呢？我们知道，在普林斯顿有一个世界上非常著名的研究院，做了很多开创性的研究。

张　磊：实际上，这里面有一个很重要的原因，就是人不可能面面俱到。我可以从本科做起，但是时间和精力肯定顾不过来，那就先用高等教育研究院这种形式，把最好的人才聚集在一起，从前沿上突破，这是一个比较好的切入模式。第二点，中国的高等教育有一点象牙塔的味道，还是一个比较封闭的小圈子，希望用这种模式加强基础研究，富有前瞻性，还有好的应用。我觉得，如果能够将这几方面结合起来，西湖大学就有可能走在前面，给大家一个新的弯道超车，找到建设世界超一流大学的路径，我对此很有信心。

周健工：所以，作为西湖大学主要捐赠人之一，期待它将来能够像耶鲁大学一样成为世界一流名校？

张　磊：对，我认为在基础科学研究方面它有机会成为世界上超一流的大学。

周健工：大概要多长时间？

张　磊：估计要20～30年。

周健工：远远超出了对一些公司的投资周期。

张　磊：所以说，教育是永远不需要退出的投资，要不断地去长期投资，滚雪球式地往前走。不单是西湖大学，中国还会有很多好的大学会有机会，因为我们人力资源丰富，都有机会向前进。我也在帮老家的郑州大学，经常和他们校长交流。

周健工：我觉得这一点非常有意思。中国非常大，一方面您在中国非常发达的浙江省去捐助，创办一个有可能弯道超车的未来中国超一流的大学，像西湖大学；另外一方面，中国还有像河南这样有着一亿多人口，教育资源不足，甚至可能连一所中国一流大学都没有的省份。您对河南，与其说是锦上添花，更是雪中送炭。

张　磊：对，一方面，我们能够帮助中国教育走向世界一流，建设世界一流大学，这是锦上添花；另外一方面，可以帮助解决教育资源不均衡，河南虽有一亿多人口，但能考上一所好学校的人是很少的，北京大学、清华大学里有多少是来自于河南农村的？为了帮助河南的孩子考上一流的大学，我们做了很多事情，比如在中学设奖学金和助学金。另外，我们也认识到很多人虽然考不上大学，但是同样可以为社会做出贡献，那就资助百年职校，帮助穷苦家孩子学一些技能。这方面的工作我们已经获得了很大的成就感和满足感：我们的百年职校每年都有毕业生去五星级大酒店工作，还有在幼儿园工作的，表现都非常好。因为他们也有追求，我们不但要帮助先进，也要带动落后，这样社会才会更加公平。

说通俗一点，如果教育发展得好，就能很好地解决长期以来的社会流动性问题。不是说，你将来有钱了，给没钱的人一点补助，不是这样的。普通人也需要工作所带来的荣誉感和成就感，这一点是钱解决不了的。什么才能解决这个问题呢？是教育，教育永远能够提供给他们工作所带来的成就感和价值实现感，这是人与生俱来的权利，要把这个权利还给大家。教育是解决这些问题的最佳方式，可以从根本上帮我们解决长期社会流动性和阶层固化的问题，解决一部分人先富起来后如何带领更多的人致富的问题，意义是重大的。

当然，我们也要解决科学领域的问题。当时我提出一个口号，“科学是有趣的事情，是酷的事情”，让科学家能够像著名艺术家、演员一样走T台和红地毯，秀出才华，让年轻人对科学产生兴趣。年轻人不能只对娱乐明星感兴趣，什么都变成娱乐。不是说娱乐不好，娱乐也很重要，社会也需要消费。但是，社会也需要创造价值，需要科学推进社会进步，国家的长期发展前景是要依靠科学。所以说，一方面，好的娱乐升级非常好；另外一方面，我更希望有更多的人，尤其是年轻人关注科学，对科学产生兴趣。

周健工：最后还是回到刚开始的大主题，不论您受大卫·斯文森投资哲学的影响，还是说在中国的投资实践，其实是看好了中国成长的大周期，然后去重仓中国未来的新经济，我不知道这样的概括您是否同意？

张　磊：对，是这样的。而且我觉得，新经济的定义既包括科技创新，也包括所引领的产业升级，从广义上来说，新经济不仅是互联网，还可以包括生物制药和各式科技创新。

周健工：作为长期投资，您看好的是中国的一个大周期。那么，在您的战略里，您看到未来中国的新经济是什么样子的，或者您理想中的是一个什么样子？

张　磊：我觉得，中国未来新经济是不断地创新驱动，而且是能够成长出更多的科技和相关人才，在人才和科技的双轮驱动下，推动整个产业变革和升级的经济。同时，在这个过程中，不断地增强自身的核心竞争力，最终走向国际舞台。所以说，新经济的核心是科技驱动人才和国际舞台，不能只是中国。

周健工：如果把它当成一个长周期，现在是处在一个什么样的阶段，或者说从什么时候开始可能会延长，延长到多长时间？

张　磊：我觉得从加入WTO以后就开始了，你可以说是从改革开放，但中国引入真正的市场化是从入世以后开始的。

周健工：到目前为止已经15年了。

张　磊：这只是新的大周期中很早期阶段。21世纪是属于中国的世纪，我们只是在冰山一角，还没有浮出水面，有很大的机会向前推进。全世界有几个国家可以像中国这样，人民群众如此努力，如此拥抱创新，拥抱变化，而且都是靠自我奋斗，这就是中国梦。这么多有梦想的中国人，驱动力如此强，如此注重教育，世界上独一无二。你去欧洲很多国家，星期四下午就不工作了，给钱都不干，周末都休息。

周健工：我们可以回顾一下，像巴菲特对美国经济的强国地位、创新能力、消费能力以及影响力进行了一个长期投资，获得了非常丰厚的回报。其实，高瓴资本在未来会像一个什么样的公司呢？是像斯文森这样的管理大学捐赠基金的公司，还是一个非常独特的，有中国特色，但有全球视野的一个公司？您希望它最终的管理规模有多大？

张　磊：我觉得它发展成什么样的公司，管理规模有多大，都不重要，这些都是结果。只要我们一心一意地按照这样的理念，长期投资、价值投资、重仓中国、重仓人才、重仓未来，很多都是自然而然的结果。

周健工：好的，非常感谢！

张　磊：谢谢！

【专家点评】

投资而不投机

张　青
复旦大学管理学院教授、博士生导师

作为一家专注长期价值投资的机构，高瓴资本依靠独树一帜的投资哲学、专业投资的智慧与企业价值共创等实际行动，经过十余年的发展，现已成为亚洲地区资产管理规模最大的投资基金。据统计，在过去的12年中，高瓴投资的项目包括国内外消费类、TMT、医疗等各阶段的项目有80余家，股权类项目有61个，累计投资达134亿元。高鑫零售、去哪儿网、京东、中通快递、百济神州等5个项目通过独立IPO退出，1个借壳上市退出；优鼎优、孩子王两家公司现已挂牌新三板。经过高瓴人的辛勤努力，获得了不菲回报，自从2005年成立以来，年均回报率为39%，已超过耶鲁大学的投资基金的回报率。创始人张磊2015年、2016年、2017年因分别拥有财富170亿元、220亿元、170亿元，位居胡润百富榜第133名、95名、179名。2017年12月21日，张磊入选“2017年度中国留学人员50人榜单”。从中国国情出发，学习国外理论再回到中国实践，从学习耶鲁学派到实践耶鲁模式，张磊形成了自己的投资哲学与模式，取得了在回报率、资金规模方面都超过了耶鲁大学捐赠基金的佳绩，真可谓“青出于蓝而胜于蓝”，值得中国投资界人士思考和学习。

一、 独特的投资哲学

复杂性科学认为，事物的演化遵从路径依赖。高瓴资本的投资哲学，源于其创始人独特的中西合璧的成长经历。当年，张磊以河南省高考文科状元，考入中国人民大学国际金融专业，四年的求学，培育了其投资哲学的原始基因。耶鲁大学的深造，尤为重要的是有机会在耶鲁大学从事捐赠基金管理工作，接受了沃伦·巴菲特、大卫·斯文森两位投资大师的指点，为其投资哲学的形成嫁接了西方投资界的基因。毕业后，张磊在全球新兴市场投资基金，主要负责南非、东南亚和中国的投资，担任纽约证券交易所首任中国首席代表，创建了纽约证券交易所驻香港地区和北京办事处。张磊作为创始人创建高瓴资本（Hillhouse Capital），将东西方投资的基因与中国文化基因在投资实践中加以融合，再衍生与升华，最终形成了独特的投资哲学创造的不可多得的实践平台。

传奇的经历铸就独树一帜的投资哲学。投资哲学是投资机构的灵魂，先进理念是投资得以循环、持续的前提；独特风格则是差异化于同行，获得竞争优势的基础。高瓴资本投资哲学的独特性体现在针对中国投资实践而提出。中国资本市场大量投资追逐短期利润，低水平竞争，同质化现象十分严重，投资战略非常简单，不少投资人早已失去独立思考的能力。高瓴资本提出“以正治国，以奇用兵”，强调要先守正，做人、做事都要正，以抵抗诱惑；再用奇，采用差异化的投资策略，以获得出奇的机会。面对中国目前投资机会太多，而投资机构的资金、资源有限，投资选择非常重要，高瓴资本提出“弱水三千，只取一瓢”，强调不做天女散花型投资，而是根据自己的实力，进行价值投资，花功夫，将“瓢”做得更大、更深、更结实。针对一些投资机构到处宣讲做了多少个项目、产生了多高的回报、获得更多的投资，高瓴资本则提出“桃李不言，下自成蹊”，强调低调、专心致志地把项目做好，好项目自会逐渐找到你。同时扎实地做好项目投资后的服务，取得了上述的骄人业绩，形成了其投资基金的良性循环。

二、专业投资

在中国资本市场，短期逐利资金的涌入，令股权投资行业迅速膨胀。大量的投资机构因缺乏专业化的人才和经验，难以形成专业能力，只能广种薄收，不仅投资回报低，还容易被市场所淘汰。相形之下，高瓴资本不仅投资哲学独特，而且实际运营相当专业。

投资方式，有“骑驴找驴”式与长期或超长期投资之分。前者通过不断退出再投资新项目的循环方式，涉及投资管理、服务频繁更换，成本较高，收益回报不高；后者则要求投资机构不在乎一时一地的得失，通过发掘最具有长期竞争优势的企业，做企业的超长期合伙人，用最长线的钱来帮助企业实现长期价值，在持有的过程中把企业价值做到最大化。从专业的视角来看，股权投资的长期性决定了投资人需有长期投资的心态，耐得寂寞，扎实地做好投资后管理，与投资企业一起创造更多价值，才能获得更好的回报。时下，中国投资界“风口论”非常流行，机会主义盛行，高瓴资本却坚持进行长期乃至超长期投资，不仅难能可贵，而且收益非常可观。

投资方向。股权投资是长期投资，如果不能产生回报，便成为沉没成本。因此，如何寻找最值得的投资方向就显得至关重要。高瓴资本依据世界经济发展的重心已从美国转移到中国，中国已经进入伟大复兴时期，处于投资最佳的机会而重仓中国；面对互联网技术、生物医药技术的勃兴而重仓创新、重仓未来，投资京东和免疫疗法治疗癌症的百济神州，充分体现了它的专业眼光。不仅如此，高瓴资本还将重仓中国、重仓创新予以融合，并加以复制。在高瓴资本看来，与来自美国的创新相比，大多从免费模式、廉价模式发展起来的中国创新

（IFC），对印度、印度尼西亚、拉丁美洲等发展中国家和地区具有更好的关联性和复制效应，如高瓴资本既投资了中国美团，还投资韩国的美团，印度尼西亚的美团，不仅将美团做大，还实现自身投资价值的横向放大。

风险规避。无论是证券投资，还是股权投资都存在风险。为规避风险，理论界提出投资组合与价值投资两种策略。但股权投资的回报并不服从正态分布和指数分布。科学的股权投资是在适度组合的基础上进行价值的投资。正是基于对股权投资的专业认识，高瓴资本既投资传统产业的茅台，也投资互联网产业的京东，既投资了二级市场股票中的茅台，也投资江小白。一般看来，投资茅台与江小白存在矛盾，殊不知，高瓴资本强调组合中进行价值投资，聚焦投资领域，在选好的市场中将其做到极致。

投资的焦点。股权投资人与创业者、企业家之间客观上存在信息不对称、不充分，事后的机会主义、道德风险的存在，使得投资界达成了共识，投资就是投人。在中国，真正的好公司有限，真正有格局观、有胸怀、执行力强的企业家同样不多。在此情况下，对创业家的甄别与选择就非常重要。为此，高瓴资本提出创业家的甄别与选择标准：具有学习精神，能够打造成学习型组织；无论是朴素的用钱，还是用很好的理念和文化方式吸引人才，总之要有强大的聚人能力；具有很强的对于自己边界、组织的边界的认知能力。面对瞬息万变的外部环境，企业家对于边界的识别能力，学习能力和聚人能力，对于应对环境的变化，做好企业，让投资的资源产生乘数效应，无疑非常重要，这些标准体现了高瓴资本对于创业者认识的专业水准。

打造动态“护城河”。要实现股权投资的价值，需要在瞬息万变的环境中，形成独特的竞争优势，即构建企业“护城河”，这是投资行业的共识，但高瓴资本的认识比这更加深刻。对此，他强调先要甄别“虚假的‘护城河’”，譬如随时都有可能崩溃的政府保护，更重要的是，面对唯一不变的是当今世界的变化，“护城河”不可能不变，他主张摒弃僵化“护城河”的概念，而要不断颠覆自己，不断创新，不断地疯狂地创造出长期价值，并用最高效的方式和最低的成本创造最大价值，打造动态的“护城河”，才有机会不断地把自己的企业和社会的进步结合起来，真正将企业做大。

高瓴资本正是坚持专业投资、专业做事，其投资的回报，在过去十几年已经远远超过斯文森的组合，张磊也成为历史上对耶鲁基金贡献收益最高的基金经理。

三、价值共创

股权投资不仅是价值发现，更需要价值创造。发现好的公司可以实现价值发现，只有投资后管理服务，帮助投资企业共同成长，才能实现价值创造。在中国，众多投资机构，只投资不管理，或者唯一服务仅是凭借自身资源，帮助企业提供上市服务。与它们不同，高瓴资本共有两百多人，真正做投资只有四十几个，大部分人都在扎扎实实地帮助企业搞好战略管理、组织转型升级、资本的配置等方面工作，与企业进行价值共创。

首先，高瓴资本利用其见多识广，信息快捷的特点，帮助投资企业研究经济发展趋势，进行战略定位与调整。如2010年，高瓴资本超过刘强东融资需求，投资3亿美元入股京东，帮助该企业在极短时间内，迅速确立了在B2C电子商务领域不可撼动的领先优势和绝对领袖地位；再如，帮助中国最大的运动鞋零售商百丽建立快速反应的供应链，实现与消费者的及时沟通，提高其快速反应能力。其次，整合所投资的高科技企业的资源，共同开发数据中心，帮助企业进行智能化、移动化等创新，实现对传统企业的数据化改造。如投资普通的物流地产公司普洛斯，利用投资企业的技术来帮助该企业提升效率，促使该企业成功转型。

更难能可贵的是，高瓴资本并没有将价值创造的视野局限于企业，而是将其拓展到社会公益教育上。张磊既锦上添花，2017年7月，向母校中国人民大学捐赠了3亿元；2010年，捐赠耶鲁大学8888888美元，捐赠支持中国人民大学高礼研究院和西湖大学的创办。他也不忘雪中送炭，长期资助国内第一所面向贫困家庭子女的全免费职业学校——百年农工子弟职业学校；在家乡驻马店高级中学设立“107奖学金”，现已资助100多名普通家庭子女，帮助他们成才。

高瓴资本正是通过与企业、社会的友好合作，实现价值共创，践行了其“桃李不言，下自成蹊”的投资理念，并取得了良好的社会效益。

王基铭

敢作敢为　勇于担当

主 持 人：苏　勇　教授、博士生导师、
复旦大学东方管理研究院院长
访谈对象：王基铭　中国石油化工股份有限公司原总裁、
中国工程院院士
访谈时间：2017-10-10
访谈地点：复旦大学管理学院

苏　勇：王总，您好！非常感谢您接受“改变世界——中国杰出企业家管理思想访谈录”栏目组的访谈。

王基铭：你好！

苏　勇：我们首先聊一下，2005年您的工作重心发生了一个较大的变化，从以前一个大型国企的领导人转变为一位工程院院士，从一个企业的高层管理者转变为一个学术研究机构的重要成员，这对您来说有什么样的影响？

王基铭： 这是我人生的又一个转折和新的起点。我觉得从企业的领导岗位转到咨询参谋这样一个身份的时候，必须要摆好自己的位置，我有三句话。

苏 勇： 哪三句话？

王基铭： 参谋不参政，咨询不决策，服务不添乱。

苏 勇： 这三句话总结得太好了。当时有没有觉得有点不适应？因为以前是可以发号施令的，现在只能提供咨询和意见，做参谋，无法决策了。

王基铭： 我对自身的转变是有思想准备的。当年我已经63岁了，按照政策，也是要退下来了。我觉得当领导时，企业是一个舞台，你站在舞台的中央，退下来以后，你就在台下当观众，但是这个观众又是和台上有呼应的，你必须要摆好自己的位置，做好自己的定位。当时我还担任集团公司的顾问，为了准确定位我的顾问工作，我提出了"不问不顾，有问必顾，开会有请必到，不请不到"。我当时就把握这五句话，摆好我的位置，转换好我的角色。

苏 勇： 这个定位非常清晰，很自如地就把角色转换过来。我们知道，2006年4月，您被华东理工大学聘为教授和博士生导师，继续发挥您在专业方面的特长。我想问，虽然退出一线，但还担任中国工程院院士，工作那么繁忙，每年在外奔波，您是如何来指导您的博士生的？现在指导了几名博士生？

王基铭： 现在还有三个，毕业了三个。我当了院士以后，很多学校请我去，我说只给华东理工大学做，因为它是我的母校，原来叫华东化工学院。我觉得应该感恩母校，报答母校，所以接受了华东理工大学的邀请，被聘为教授和博士生导师，而且也是他们校董会的主席。

苏　勇：每年都会去参加学校的各种会议？
王基铭：是的，我和学生每隔一两个月也会有一次交流，指导他们，他们都是在职博士生。

苏　勇：比较偏化工专业的。
王基铭：偏化工专业，与生产实践也都是密切结合的。博士生的课题都是在生产中遇到的难题，通过课题研究，这些难点、难题得到了很好地解决。

苏　勇：从现实中来的课题，您再去指导他们解决这些问题。
王基铭：解决这些问题，等于也把生产过程中的一些难题解决了，学生实践能力提升了，也完成了他们的课程。我是通过这种方式来带我的学生，指导他们。

苏　勇：王总，谈到您的职业生涯，其中较为重要的一笔就是从上海石化开始，您从一个专业技术人员慢慢走上领导岗位。从20世纪60年代到现在已经有半个多世纪的时间，您可以说是见证了整个中国石化行业从无到有的发展过程。1964年，您大学毕业，当时是分配到位于上海高桥的上海炼油厂，现在这个厂还在。对于一个刚刚踏上社会的大学生来说，当时是怎样的一种感觉？请您给我们描绘一下当时的高桥石化是怎么样的，上海炼油厂又是怎么样的一个情景。
王基铭：我是1964年毕业的。记得当年入厂的时候，院子里有一个横幅，写着“红色工程师”。我当时就想，我的目标就是当好一名红色工程师。报到一个月后，我们就在厂里闭门念书，开展了社会主义教育工作，成立了知青工作团。大学毕业生都要去补上这一课，去农村，我在农村待了两年半，搞了三期的社会主义教育工作团的工作。

苏　勇：所以您进位于高桥的上海炼油厂差不多一个多月以后就下乡参加知青工作团了。我觉得人生的道路上补上社会实践这一课非常有必要，因为过去不接触社会，是从学校一路上来的。

王基铭：念了17年的书，小学6年，初中、高中6年，大学5年，都在学校里，不接触社会，不了解农村生活的疾苦。通过这一课，了解了社会，接近了群众，知道如何和群众交流。过去那个年代，说话都是羞答答的。但是，通过下乡参加知青工作团，和农民群众的交流，学会了做群众工作，这对我以后的成长是非常重要的一课。

苏　勇：有没有什么故事可以和我们分享一下，知青经历是怎么影响您的人生历练的？

王基铭：记得那个时候，我是在村镇企业工作。那时反贪污是要查账的，要去和他们沟通交流。我接触过的领导，他们还是比较实事求是的，工作要凭数据来说话，不能随便扣帽子。所以，当时觉得实事求是和沟通非常重要，这一条很有感触。

苏　勇：这也影响了您今后的行事风格，要坚持实事求是。

王基铭：这是其中一个方面。另一方面是，后来我做了两年多的领导秘书。我很幸运，在这些领导身上学到了很好的工作作风，细致、踏实，有大局观，也帮助我走上了正确的人生道路。

苏　勇：虽然没有能够用上您的化工专业，但是，您还是觉得对自己的成长起了非常重要的作用。

王基铭：我后来从一个技术员变成领导干部，和这两年半跟随领导打下的基础是分不开的，学到了很多非常有帮助的东西。

王基铭（右）接受苏勇采访现场

苏　勇：那您又是怎么样从位于高桥的上海炼油厂到上海石化（当时上海人称之为金山石化）去的，这里面有没有什么故事？

王基铭：1972年6月，那时要建设金山石化，现在叫上海石化，是毛主席批阅的一个项目，为了解决当时6亿人民的穿衣问题。

苏　勇：当时穿衣还要布票。

王基铭：这里有个故事，在陈锦华同志的《国事忆述》讲了这一段，毛主席出来视察时，在火车上问两个服务员，你们去干什么了？他们说他们去排队买布了。

苏　勇：有了布票还要排队。

王基铭：毛主席回去后表示要解决中国人的穿衣问题。但种植棉花是要和粮食争土地的，因此尽管国家资金有限，还是决定拿出资金引进技术来生产化纤。当时决定建设四个大项目，其中一个就是上海金山石化，其他三个分别是天津石化、四川川维、辽阳化工。同时提出要解决农作物高产的问题。当时还批了13个化肥引进的项目，促进粮食增产，解决老百姓的吃饭问题。

苏　勇：所以是毛主席亲自决定实施的这些项目，来解决全国人民的穿衣和吃饭问题。

王基铭：我是1972年8月接到上海炼油厂的通知，让我和另外两位同志组成一个筹备小组，参加金山工程的建设。那时候是1972年，我刚好30岁，就离开了高桥，去了金山。

苏　勇：所以，您可以说是上海石化真正的元老，从一开始就参与筹备。

王基铭：应该说是第一批参与者，当时有一批老领导，像2017年已经近100岁高龄的龚兆源同志，他是第一批元老，上海石化金山筹建组的三个领导之一。我们是具体的参与者，不能说是元老。

苏　勇：我记得，上海的金山当时还是一片海滩，而且远远不是今天这样一两个小时就可以到的概念，是非常遥远的地方。你有没有犹豫过，或者觉得条件太艰苦，怎么跑去海滩上做事情？

王基铭：那个时候没有想过，就是想我还年轻，觉得可以在那里开创一番新天地。当时那里是一片海滩，组织了5万名民工，围了一条堤，把海滩变成了工地，建起石化。所以，当时参与金山工程有一句话，叫“头顶青天，脚踏海滩”。

苏　勇：当时的生活条件是怎样的？

王基铭：当时什么都没有。我是负责基建工程的副指挥，带了一批同志，先借了金卫公社八二大队的一个仓库住下来，开始搭建临时工棚，让施工的人员进去。但还缺少办公场所，当时得到一个信息，上海以前的电车车厢要撤掉，说可以拉过来做办公室，我就到市里找交通部门，他们很支持。我记得很清楚，300元一个车厢，我们把它搬到了金山，就开始办公了。还有一部分同志是睡在猪棚里，条件非常艰苦，但是大家都很开心，觉得这是为祖国争光，为毛主席争气，有一种自豪感、使命感和责任感，激发了大家的斗志。

苏　勇：这个项目当时选址为什么定在金山？
王基铭：第一个是考虑到环境，因为是在海边，空气扩散比较快。另外，不占用粮田，这个项目占地很大，当时金山石化要有13平方千米，项目本身就要解决穿衣、吃饭问题，不能再占用土地，因此决定选择在海边。还有一个理由就是要有码头，考虑到交通运输方便。当时，漕泾、金山，还有现在宝钢所在的位置，我们都考虑过，最后选定了金山卫。

苏　勇：金山卫，就是在金山的海边上。
王基铭：金山卫这个海滩有个特点，说当年日本侵略者登陆上海的时候，就是从金山卫登陆的，因为金山卫这个地方的海滩，船上来也不会沉下去，老百姓称之为“铁板沙”，把它围起来以后，适宜建设大型的工程。我们综合了各方面的因素，最后选择在金山卫。

苏　勇：您最近也回去过一次，请再给我们描绘一下，现在的上海石化是一个什么样的景象？
王基铭：上海石化是一个现代化的石化大基地，也是一座工业城市，占地13平方千米，现有的炼油加工能力是1600万吨，乙烯100万吨。

苏　勇：在我们国家的大型石油化工企业中大概是什么样的一个位置？
王基铭：应该排在前列。现在全国最大的炼油加工基地是镇海石化，年加工能力是2300万吨，上海石化是1600万吨。镇海石化的乙烯生产能力是120多万吨，都属于全国领先的大型现代化石化基地。

苏　勇：上海石化建设经历了一期、二期和三期，在这个过程当中，您有没有什么故事可以和我们分享？除了刚才初期的条件艰苦以外，在整个创业发展过程中，有没有什么让您印象深刻的事情？

王基铭：一期工程时我是在化工一厂，是战天斗地的，从一个平地海滩把它建起来。二期工程要进一步提高加工能力，要建设一套芳烃涤纶生产设备，扩大的确良涤纶的生产能力。也就是现在大家说的PX工程，是我们国家第一套引进的芳烃联合装置，当时我是这个项目的中方总代表和项目负责人。这个二期工程曾一度搁浅。

苏　勇：为什么搁浅？

王基铭：因为缺钱。后来通过借钱，国家支持继续建设，花了五年多的时间把它建成。最艰难的是三期工程，那时是要建设30万吨乙烯生产设备。这一套生产设备本来是放在南京的，但因为缺少资金，项目就搁浅了。当时上海石化的领导觉得要进一步扩大生产规模，因为邓小平同志讲过，发展是硬道理。所以就想办法。当时的顾传训同志、陈锦华同志，都非常支持，提出来用自筹资金的方式来建设，国家就把这个项目搬到了上海。当时一方面组织外部银行贷款给上海石化，另一方面在国内发行企业债券。

苏　勇：当时发债券还是很少的吧？

王基铭：我们是全国第一家，顾传训同志在第一期的债券上面签名。

苏　勇：企业债券，就是面向社会发债。

王基铭：面向社会。我记得当时发的时候要排队，从南京路排到九江路，市民非常踊跃，那时的利率也比较高，等到第二期和第三期的债券，就是我签的名了。但是，到建设的中途，资金还是发生了短缺，现金流断了，工程要停下来。

苏　勇：您当时已经是上海石化的总经理？

王基铭：我是上海石化总厂的厂长，那是1988年的5月份，觉得不能让工程停下来，就在大会上做了一个比喻，说“30万吨乙烯生产线是个母鸡，现在这个母鸡第一个蛋已经在屁股口了，再有一把米，蛋就可以生下来，我们就能够活起来”，提出了“救救母鸡一把米”的口号，号召全厂职工筹款来支援这个工程，一下子就筹了2300万元。

苏　勇：当时的2300万元是一笔巨资。

王基铭：巨资，很多同志把积蓄都拿出来。

苏　勇：最多的捐了多少？

王基铭：将近十万元，不容易的。最感人的是一个小学生，把压岁钱带到厂长办公室交给我，说“厂长，我们都来救救母鸡一把米”，我当时感动得眼泪都掉下来了。大家觉得这个企业一定要发展，有一种强大的凝聚力、责任感和使命感，在推动着大家。

苏　勇：然后慢慢就把企业救活了。

王基铭：救活了，1990年4月16号，正式投入生产。这段历史非常的感人。

苏　勇：上海石化30万吨乙烯生产线投产了以后，解决了整个国家的穿衣问题。

王基铭：这些问题都得到了很好地解决。当时我们国家吃、穿的问题已经解决了，还剩下住、行的问题没解决，也就是房子和车子的问题。

苏　勇：所以，不同阶段有不同的问题。

王基铭：作为企业，你就必须根据人们的需要来发展你的产品，一步步推进国民经济的发展。

苏　勇：现在回过头来看，当时建设这四个大的石化项目，包括上海石化，是一个非常正确的决策。

王基铭：实践证明是非常正确的，这些都是基础工业、支柱工业，为带动国民经济的发展起了很大的作用。

苏　勇：然后，您就从上海石化被选拔到中石化去工作了。我们知道在这个过程中，您有一个非常重要的贡献，就是关于化工设备的国产化问题，这是您力主推行的，还因此在2016年获得了中国能源装备的“终身成就人物奖”，实至名归。在这个过程当中，您有没有什么特别重要的事件？为什么这个奖会授予给您？您为什么要力主推行石化装备的国产化？

王基铭：我们的上海石化也好，后来中石化也罢，大项目建设主要还是依靠引进，包括工艺技术、设备等，甚至连一个螺丝帽都是要靠引进的。

苏　勇：到了1994年还基本都要靠引进？

王基铭：是的，国家在这个时期也极力想国产化。1994年，我到中石化当副总经理，分管基建和物资供应，觉得国家通过引进、消化、吸收，已经掌握了一些技术，水平也有了提高，能够有所突破。毕竟国外的设备价格很昂贵，而且长期这样下去，我们国家的民族工业是得不到发展的。我想在我们项目的建设工作已经达到这样水平的时候，需要去推进国产化。我就想，总得有人来吃第一只螃蟹，当时大庆石化正好面临将11.5万吨的乙烯制造设备改造成24万吨的规模，一机部也希望在乙烯的心脏环节实现国产化，形成突破。当时一机部的副部长，还有他们的一个司长，包括沈阳鼓风机厂领导，还有我，几个人商量，看能不能让化工设备的国产化在这个项目上有所突破。大伙在大庆开会讨论，当时大庆石化分管设备的领导出于责任心，觉得这样做有风险。

苏　勇：对，用进口的会比较保险。

王基铭：是的，风险少，责任也少。但是，我觉得我们必须要在这上面有所担当。我这个人性子比较急，之前也做过调查研究，知道我们国家的制造水平已经达到了可以自己来制造的阶段，特别是也引进了一批检测的试验台，沈阳鼓风机厂已经掌握了技术。

苏　勇：所以也具备了一些条件。

王基铭：已经具备了这个条件，就需要大家鼓足勇气来撑一撑，实现突破。所以当时设备厂长问“谁愿意来负责”的时候，我就拍了桌子说：“我来负责！”

苏　勇：就是一种勇于担当的精神。

王基铭：我觉得作为领导，总要给大家撑腰。我就说用“乌纱帽”来做担保，出了事情我来负责，要吃官司我来吃，你们就把这个事情做好。当然，这是一种胆识。但是回过头来，我组织了第三方有经验的一批技术人员和技师，到沈阳鼓风机厂去，和他们紧密对接每一个环节，包括设计和制造，每一套工具都严格按照质量标准去做，最后成功了。通过此事，我深深体会到毛主席的一句话，“世界上怕就怕认真两个字”，任何事情你只要认真，肯定就能够做好。

苏　勇：事前您还是做过一些了解，知道我们国家的装备工业已经具备了一些基本条件和基础。在这个过程中，您又说服了其他同志，做出了一个大胆的决策。

王基铭：也得到了包括沈阳鼓风机厂在内的各方面人士的大力支持。

苏　勇：听说为此沈阳鼓风机厂还有了一个新的订单，解决了很大的问题，是吗？

王基铭：现在沈阳鼓风机厂在制造压缩机，包括在管道工程的燃气压缩机方面，都有所突破，已经是我们国家顶尖的动力设备制造单位。

苏　勇：当时的情况还比较差。

王基铭：是差一点。我非常希望我们国家在新的发展时期，在建设一些大项目上坚持国产化，这样我们的民族工业才能振兴，才能够发展。

苏　勇：但是国产化也一定要坚持高标准、严要求，秉承认真的态度，把握好每一个环节。

王基铭：既要有大胆的决策，又要有认真细致的工作，坚持高标准、全过程质量管理。

苏　勇：这是非常重要的。后来，您在中石化先是任副总，后来又任总裁？

王基铭：是的，变成股份公司后，我是总裁兼副董事长。

苏　勇：然后又担任了上海赛科的董事长。

王基铭：当时的赛科是BP（英国石油公司）和我们合资的企业。

苏　勇：上海赛科是中石化和BP的合资企业，股份是对半分吧？

王基铭：对半分。因为当时是建设规模最大的90万吨的乙烯工程，工艺复杂，他们希望有一个专家型、战略型的领导来指挥，上海方面希望我回去。但是中石化希望我留下，于是我还是中石化的总裁，兼任上海赛科的董事长。

苏　勇：您在和BP这样一个世界著名公司的合作当中，有没有什么故事可以和我们分享？

王基铭：我总觉得一旦坐上了谈判桌，就是代表了中华人民共和国，代表国家利益，有一种责任心。但不是说我没有融合心，也不是说简单的行或者不行，但是英方往往不是Yes就是No（即要么行，要么不行）。

苏　勇：这可能是中西方文化的一种差异。

王基铭：到了上海赛科后，他们出总经理和一个副董事长，我是董事长，还有一个副总经理。公司共四个部门，两个正职是他们的，两个正职是我们的，当时是这样一个组织结构，所以谈判起来比较艰难。这个时候就必须要用数据和事实说话，当时我就和他们说，到了这里你就不要总想着自己是代表BP，我也不总想着自己是代表中石化，现在到了赛科，都姓赛，必须站在赛科公司的利益上说话。只要对它有利的事，我们都要说“Yes”，对它不利的事情就要说“No”。

苏　勇：合作共赢。

王基铭：后来我们就逐步磨合，他们表示了认可。

苏　勇：王总，您在担任上海赛科董事长的时候，和BP合作，还是坚持推进大型装备的国产化工作，这里面有没有什么故事或者经验可以和我们分享？

王基铭：我就讲讲关于“6个大塔”的故事。赛科要建6个大塔，称为“金六塔”。乙烯的原料经过高温裂解以后，会出来碳1、碳2、碳3、碳4、碳5、碳6，这些都要通过不同的沸点把它们切割出来，一道道分流，这就需要建6个大塔，100多米高，BP方面提出来要去韩国制造这6个大塔。

苏　勇：他们不相信中国有制造这6个大塔的能力。

王基铭：不相信。我说中国完全有这个能力，他们不信。我就跟他们摆事实、讲道理，但是他们还是没有同意，事情就这样拖下来了。后来赶上去巴西参加世界石油大会，因为我是中国派出的世界石油大会的副主席，要在休斯敦转机，那时候BP的一个副董事长也来了，我就约了他在机场的休息室里见面，要好好谈一谈，不能再拖下去了。见面后，我就跟他说："这几个大塔尽管看上去高，但是难度并不大，中国完全有这个把握和能力来保证主要的焊接质量。"而且，我也和他分析说："如果是在韩国制造，要通过海上运输，保险费很高。从上海港卸下来，要使用大型的吊机，运输途中的桥梁要加固，两边的树木也要毁掉，都需要赔偿，所需费用非常高。作为董事长，要对赛科负责，我认为在中国制造这6个大塔的决策是正确的。"后来他们同意了，在金山当地制造，避免了一系列的问题，结果也非常好，他们表示了认可。

苏　勇：实践证明，我们自己生产出来的质量是过硬的。

王基铭：后来英方和我们合作得很好，现在他们把股份卖给了中石化，我们已经把上海赛科收回来了。

苏　勇：现在的上海赛科是中石化全资了？

王基铭：全资了，我们2017年刚刚买回来。他们赚到了钱，就离开了。

苏　勇：也很不容易，让BP这样一个世界著名的化工企业能够认同中国的装备制造能力，您也是用事实去说话。

王基铭：对。

苏　勇：我们再聊聊有关上海石化上市的事情。在20世纪90年代初，企业上市不像现在这样可以很熟练操作，当时中国的资本市场还在探索的过程中。你是一手主导上海石化上市的，这个过程是不是比较艰难？

王基铭：刚才说过的三期工程，我们是借了债的，不仅借了外国银行的，还借了老百姓的。当年的负债我记得清清楚楚，有将近57亿元。

苏　勇：整个资产负债率大概是多少？
王基铭：将近90%，很危险。当时上海石化工厂有65000名职工，又是“企业办社会”，负担很重。

苏　勇：对，上海石化里小学、中学，什么都有。
王基铭：都有，当时金山人有句话说，“只有两个东西没有，飞机场和火葬场，其他都有”。当时我可以说既是厂长，又是这个地区的“行政首长”，所有事情都要管。尽管30万吨项目投产了，很高兴，但是接下来却背上了沉重的债务负担。那时候，陈锦华同志已经到国家体改委当主任了，我就和他说，你是当年30万吨乙烯领导小组的组长，现在是体改委主任，看看能不能让我们做第一家股份制试点单位。他说回去研究一下，向国务院领导报告，后来同意了我们的申请。上海石化就成了中国第一批国企股份制改制的试点单位。

苏　勇：还有哪几家也是试点单位？
王基铭：还有马钢、青岛啤酒等，都是大型国企。我们作为第一家，体改委很支持，派了很多专家来指导我们。刘鸿儒同志、叶庆平同志等，都是我们的顾问，帮助我们进行股份制改制，做到规范，与国际接轨。过去我们是不透明的，都是自己说了算的，关了门内部循环，这不行。当时定的标准比较高，上海石化不仅要在上海上市，还要在纽约，以及中国香港实现三地同时上市，所以既要符合美国，以及中国香港的法律，还要符合上海本地的法律，要有一整套的标准规范。我们请了很多专家，专门给干部上课，让大家了解股份制，等于是企业的一次再生改造。

苏　勇：是一种重生。当时上海石化不仅只是一个有65000名职工的大企业，还是一个小社会，您是怎样把它改造成一个规范的股份制公司的呢？

王基铭：当时就是政企分开，把主业留下，非主业剥离出去，成立了公司。后来上海市成立了金山区，真正做到了政企分开。当时65000名职工中的38000人留在公司，要把27000人剥离出去。

苏　勇：这两万多名员工会不会心里觉得很不情愿？我们当初都是一起打天下的，现在实施股份制了，却要我们出去。

王基铭：我当时既是上海石化股份公司的董事长、总经理，又是实业公司的总经理。我们就想，一家变两家，手心手背都是肉，怎么把他们安排好？我就和班子同事说，股份公司将来可以不断地产生新效益，他们出去以后会比较困难，所以，决定把所有的现金都留给他们，还把原来石油之外的一些好的股权也都让给他们。

苏　勇：留给实业公司。

王基铭：再把这块土地也给了他们，我们再向他们租土地，让他们有资金上的来源，都是很透明的。当时规定股份公司的员工可以买原始股，不是公司员工的不能买，员工心里肯定不乐意。我当时就和有关领导讲了，改革的成果是金山当时一起战天斗地换来的，现在得到了改革的红利，他们分不到，我无法向他们交代，我宁可不当董事长，也一定要给他们原始股。后来作为特例，领导同意了，职工表示了谅解，尽管还有些闲话，但总体是很平稳的。

苏　勇：就是让大家共享改革成果。

王基铭：现在回到金山，他们都觉得，正因为这样做了，反而活了，比过去活得更好了。有的同志当了公务员，退休工资比在股份公司的人还高。所以，现在他们都觉得不改革没有出路，股份制的这条路走对了。当时有的职工是不理解的，我家的玻璃窗被砸过，电话线也被剪过。

苏　勇：当时员工发泄他们的不满情绪。现在回过头看，政企分开还是非常正确的，但要稳妥地处理好这个关系。

王基铭：要摆好这个关系，心中就一定要有老百姓，这一点很重要。另外一点，作为领导，要敢于面对群众，和老百姓讲清楚为什么这样做，要相信大多数群众都是通情达理的，千万不要躲着群众。我曾经说过一句话，“真正的共产党员是不怕老百姓的”。

苏　勇：说得非常好，共产党员本来就是从群众中来的，代表群众利益的。

王基铭：共产党本身就是为人民服务的，没有什么要和老百姓躲闪的，要相信老百姓会理解。所以，要和群众多沟通，敢于面对群众，敢于去做群众的工作。

苏　勇：2000年，您又一手主导了中石化的整体上市。那时，世界主要的资本市场，包括一些投资机构和大企业，对我们的国企还存在一些看法。当时，您是怎么冲破阻力去路演，说服别人来投资中石化的呢？

王基铭：当时是国家的一个重要决策，就要把现在大家所说的“三桶油”——中石化、中石油和中海油，变成股份公司，都在国际资本市场上市。最早走出去的是中海油，但由于他们把自己的股价估得太高，没有做好。第二个试水的是中石油，但股价也不太好。最后，我们中石化要上市，当时领导交代要做好这件事情，要求我们一定要成功，不能失败。为此，我们一定要找到合适的战略合作者和战略投资者。那就是说，我们必须找当时世界石油业领域排在前三位的公司（即埃克森美孚、BP和壳牌）谈判。如果它们能做中石化的战略投资者，买我们的股票，那在我们发行股票的时候，别人会说：“世界顶尖的公司都买它的股票了，这家公司肯定是不错的。”这样一来，我们的股票也就一定能发行好。

1993年6月，王基铭先生在上海石油化工股份有限公司成立大会上发言

苏　勇：但问题是，他们的眼界很高，中石化方面是怎么样去说服他们的呢？

王基铭：当时是由我来具体负责这件事的。我带了两位同志去位于达拉斯的埃克森总部拜访埃克森美孚的副总。面谈前，我们分析了一下，用什么去打动人家？一致认为美国肯定会看重中国这个最大的潜在市场。中石化当时有接近3万家加油站，我们又是一体化的公司，包括了炼油企业，这是我们的优势。我们要用我们的这个优势去打动他们。埃克森这样的大公司以前是不买别家的股票的，和他们副总谈了我们的优势以后，他就心动了，后来就叫我到位于顶层的董事长办公室去。我进去一看，董事长雷蒙德坐在那里，他的头顶上有张画有一只老虎的大油画，埃克森公司的Logo是老虎，我当时脑子里一闪，此情此景就像我们《智取威虎山》里的座山雕，今天我就变成杨子荣，要打虎上山了，一定要打动他。

苏　勇：您是怎么谈的呢?

王基铭：我就讲中石化的优势，我们有多少个炼油企业，有多少家工厂，多少个加油站，有网络、码头、油库、输油管线，是一个很完整的产业链，最终打动了他，说愿意买我们的股票。后来我们又到伦敦，和壳牌以及BP的董事长谈，BP的董事长开始也不买。同行的李毅中同志急了，站起来说：“你为什么买中石油的股票，不买中石化的股票？你是不是瞧不起我们中石化？”BP董事长急忙站起来说：“我也买，我也买。”这个过程说明了我们有自己的优势，要用我们的优势去打动他们。后来，他们都成了我们的战略合作伙伴，股票也就顺利地发行，现在他们早已赚了钱。

苏　勇：所以说，他们的投资是非常成功的。

王基铭：是成功的。后来，他们还和我们建合资企业，比如BP在上海建了赛科，埃克森在福建建了合资公司，壳牌建立了石油油品销售的合资公司。

苏　勇：不仅仅是财务方面的投资，还有业务上的战略合作。

王基铭：都有合作，包括在上、下游的合作。通过和这三家大跨国公司的合作，我们也成功走出去了。

苏　勇：中石化也成了世界级的大公司。那么，您现在回过头看看，中石化整体上市后，您觉得对一个大型国企的发展有什么样的意义?

王基铭：我觉得从一个国内公司走向了世界，它的眼光、视野，还有考虑问题的格局，都已经发生了极大的转变，可以用一种前瞻的视野来看问题。

苏　勇：王总，今天访谈您，我觉得还有一个非常有意义的标志性事件，就是党中央、国务院刚刚颁布了一个重要文件，关于如何激励和弘扬企业家精神。作为老一代企业家，您觉得这样一个可以说史无前例的重要文件的出台，它的时代意义是什么？为什么党中央和国务院要出台这样一个重要文件？

王基铭：企业家是企业的当家人和领头人，要充分肯定他们的地位，激励他们充分发挥好自己应有的作用，这对企业来说是非常重要的。我觉得，党中央看到了这一点，就是要调动这群人，不管是国有企业的企业家，还是民营企业的企业家，都要做好中国企业的当家人、领头人，要把这个家当好。对于一个企业来说，不同的领头人就有不同的企业前景，有不同的发展，这方面的例子数不胜数。所以，党中央出台这个文件，是对所有中国企业家的肯定，也是对所有中国企业家的一种期望，希望中国的企业家可以充分认识到肩上的责任。作为国有企业的企业家，我个人的体会，就是应该担起三个“责任”。

苏　勇：哪三个责任？

王基铭：一个是经济责任。作为企业家，首先要创造经济效益，创造不出经济效益，就算不上企业家。此外，还有政治责任和社会责任。企业家还要有“三个出”，出效益，出人才，出经验。

苏　勇：从您的角度来看，一个企业家，和通常讲的老板，或者一个管理者，区别在哪里？

王基铭：我觉得一个老板（这里不是贬低老板），想得更多的是赚钱。而作为企业家，更多地会想到一种使命——国家的使命。把企业管理好，是在为国家分忧，为国家作贡献，这是不一样的。曾经BP的老板问过我：“您为什么这么卖力？我们都下班了，您还留在这里。”我说：“您不懂，我是共产党员，有一种使命，一种责任，和你们不一样。我们更多是一种成就感，把这个企业管好，是一种成就，是对国家的一种贡献。”当然，我们也要考虑一定的待遇，但是更多的是责任和使命。

苏　勇：您觉得在当前的社会环境下，从一个过来人的角度看，在激励和弘扬企业家精神方面还可以做哪些提升？

王基铭：我觉得作为一个企业，首先是要坚持党的领导，要有董事会的领导，同时也要考虑到职业经理人的作用，让这些懂企业、懂专业的人来担当生产经营管理的重任，董事会要把握好重大决策，具体的生产经营工作应该让职业经理去做，更好地发挥他们的作用。

苏　勇：讲到企业家精神，绕不开的是创新的问题，很多专家都对此也有论述。但有人说国有企业的创新比较难，会受到方方面面的牵制，比如说人浮于事等。您是怎么样来克服这些困难的，或者说有什么样的设想？

王基铭：我觉得还是一种责任感。一个企业家应该追求的是四个字——基业永存，应该考虑企业将来能一步一步地往更高的方面去发展，而不是虽在位的时候做得很辉煌，却留下后遗症。在位的几年，只是400米接力赛的中间一棒，当“我”接上这一棒时，必须竭尽全力把它跑好，但也要为后面的接棒人创造好条件，不能搞丢了交接棒。这里面就有一种使命，一种责任，以及一种担当。

苏　勇：王总，党中央、国务院这次关于弘扬和激励企业家精神的文件中，我注意到有一个非常独特的提法，提出了“国有企业家”的概念。您以前的身份正是国有企业家，听说您听到了这个提法以后也很有感慨。

王基铭：很兴奋，也很激动，我第一次听到有国有企业的企业家的说法，以前没有过。我经常说我们不是企业家，因为没有掌握资本，只是一个为国家工作的高级打工者。这是对我们国有企业领导者的肯定。国有企业的领导者也是企业家，也要有企业家精神，所以我在朋友圈里写了“作为国有企业的企业家，必须听党的话，跟党走，敢于担当，敢作敢为，把企业做强做优做大，身先士卒，带好队伍，争创一流”的感悟，很多人都点赞了。

苏　勇：所以您觉得，“敢作敢为，勇于担当”是国有企业的企业家和一般意义上的企业家相比最突出的特点。

王基铭：我觉得应该是这样。因为国有企业必须跟党走，听党的话，敢于担当，敢作敢为，而且要把国有企业做强做优做大。还有另外一点，就是要带队伍，以身作则，身先士卒，争创一流。

苏　勇：王总，接下来我们再来聊聊大型国企经营管理的问题。我们都知道，中石化目前在《财富》全球500强的排名非常靠前，有数据显示，2005年中石化就进入了前50强，排名第31位，提升得很快。但是，社会上也有一些不同的声音，说国企尤其是像中石化这样的大型国企，那就是共和国的“长子”，一定是享受了很多政策和市场的红利，甚至有人这样讲，谁都可以做经营管理人员，随便去做，只要不出什么大问题，一般都能够做得很好。作为一个经验非常丰富的、长期执掌中国大型国企的高层领导，您是如何来看这个问题的？

王基铭：国企有国企的优势，也有自身的不足。我们体量很大，现在有100万名职工，下面有四五十家二级企业。作为一个大公司，必须要有自己的战略定位，有自己的目标和规划，必须要按照规划形成一套工作程序和流程，这样就会成为一种自然状态下的正常工作。作为一个大企业，一定要克服大企业病。比如大企业在纵向上都很强，但横向很弱。上管下是可以的，部门间的协同性不够，我觉得要始终把企业看作是一个系统工程。

苏　勇：那在您管理中石化的过程中，有没有什么具体的方法来加强横向协同呢？

王基铭：我觉得市场对中石化是很关键的，市场是我们生存的空间。当时成立股份公司，就是要建立起我们的市场网络，也就是加油站，我们建了很多的加油站。

苏　勇：大概有多少家？原来的中石化是一个什么样的情况？

王基铭：1998年，国务院建了中石油、中石化、中海油三大公司。开始的时候，中海油只负责海上开采，中石油只负责油气开发，都是在上游，而中石化是负责炼油化工和油品销售等下游产业。在此之后我们都作为一体化的三家公司，打通产业链，这是当年国务院领导做出的决策。我当时的想法是要抓好两头。一头是市场，市场是我们的生存空间，必须要有网络，从加油站、码头，从油库到管道再到炼油厂，变成了一个完整的网络。当时我说了一句话，就像是织篱笆，篱笆织得紧，外面的猴子就钻不进来，一定要把市场网络建立起来，这样对市场才有影响力和控制力。另一头就是资源。因为中石化主要是以进口为主，原油都是进口的，而且主要是从海上进口，那就必须要占住所有的码头，从天津开始，到宁波，然后一路到海南。

苏　勇：码头是自己建造还是收购？

王基铭：都有，既有和地方的合作，也有自己去建码头，这样，我们就打通了活路。另外，就是要建立原油管线，我们在沿江、沿海都建有管线。

苏　勇：作为一位前辈，如果给现在的大型国企掌门人提供经验指导的话，您觉得可以上升为怎样的一种理念？

王基铭：我觉得一个企业必须要把自己的比较优势充分发挥出来，避免同质化。石油行业的三大公司是上、中、下游一体化的公司，各有特色。中石化必须要把自己的特色做出来，整体性地把炼油、化工、销售市场做好，走功能化、高端化，以及注重产业链和价格链的延伸，这是一个方面。另外，商业模式上也要改变，不能仅仅依靠传统的油品出厂，分销，再到加油站的布局。现在都是电商模式，包括支付方式等都要跟上，我和中石化加油站负责同志说，不能只用加油卡，现在都用手机支付宝，否则，年轻人不会到你这里加油。大企业要向民营企业学习，和它们合作。特别是现在，我觉得国企和民企都要发挥自己的优势，资源互补，共同来推动国民经济的快速发展。

苏　勇：所以哪怕是石油企业，也要注重消费者的感受。
王基铭：对。

苏　勇：我还看到中石化的加油站里设有易捷便利店，为消费者提供方便，销售一些生活用品。
王基铭：做非油品，为消费者服务，但是，主业不能放下。所以，加油站现在不仅要能加油，要变成油、气、电一体化的，既能加油，又能加气，还能充电。未来，电动汽车会越来越多。随着时代和消费方式的变化，我们生产的产品、销售模式、支付方式等，都要相应改变，必须要跟上时代和科技的发展，不能因循守旧，要有危机感和使命感。

苏　勇：所以，哪怕是中石化这样的大企业，也要有使命感和危机感，要与时俱进，而不是坐享政策红利或者市场红利。
王基铭：所以国企要做强、做优，然后再做大，一定是这样。

苏　勇：这也是企业管理一直在讨论的问题。习总书记也讲过，要做强、做优，然后再做大，如果只是单纯的规模大，是没有太大意义的。
王基铭：那是一种“虚胖”。

苏　勇：“虚胖”，您概括得很好。我们再谈谈中石化的镇海炼化，现在是明星企业吗？

王基铭：是的。

苏　勇：它是最大的吗？

王基铭：目前是最大，年炼油加工能力是2300万吨，每年还有120多万吨的乙烯生产能力。

苏　勇：我记得中石化宣传过要提炼一种“镇海精神”，这是怎么样的一个过程，请和我们分享一下。

王基铭：镇海炼化也算是一个老企业，在不断地通过技术改造来突破瓶颈，它的特色就是精细化管理。最开始都是资源的利用，现在开始要提高资源价值的利用效率，追求价值的最大化和最优化，在这方面他们下了很大的功夫，包括现在的智能工厂。

苏　勇：化工企业也做智能工厂？它们的智能是指什么？是无人值守吗？

王基铭：现在的九江石化、镇海石化，都是智能工厂的示范企业。是有人值守的，但是流程、产品、原料等方面的优化全部是通过信息化和互联网来实现的，建立起大数据，不同的原油如何能形成最优化的价格，都能够自动形成调整生产的方案。

苏　勇：通过管理的精细化来实现价值的最大化。

王基铭：包括生产经营的智能化，都在一步步地发挥它的作用。

苏　勇：当时的镇海精神的内涵是什么？

王基铭：就是要精打细算，他们是典型。

苏　勇：您刚才谈到了一个非常重要的问题，也是这次访谈的宗旨，就是如何提炼出一套适合中国企业和社会环境的经营思想、管理智慧和模式。您有丰富的企业管理实践，也创造了一种石化工程建设的项目管理模式，叫作“IPMT（项目一体化管理组）+EPC（设计、采购、施工工程总承包）+TM（工程监理）”模式，这个名称听上去就觉得很专业，请给我们具体讲一讲。

王基铭：主要是在赛科工程上面，一般国外都是通用PMC（生产及物料控制）模式，就是找一家工程管理公司，作为投资方，把工作全部都交给它，从设计到施工再到投产，全部由它来做，最后投资方来结算。在这种模式下，即使投资很大，业主也没有发言权和干预权，容易出现对方延长工期，业主无法控制投资的局面。而中国的传统模式是建立指挥部，组织庞大的管理人员和专业人员队伍，所有事情都亲力亲为。但等到项目建成后，这些人就都没事了，不好安排了。如何将这两种模式很好地结合起来呢？我就根据多年的工程经验，提出成立IPMT的项目管理小组，大事情由他们来决策，然后又请了PMC。

苏　勇：专业的公司。

王基铭：专业的公司。随后就是EPC，负责设计和施工。投资方人数多，由监理公司代表业主对工程的进度、投资、安全、环保、质量等做好监理。这样业主就能发挥影响力和主导权，方便控制，又节省人工，所以用了这个模式。同期建设的还有扬子一期，它用的是PMC模式，虽然两个工程的工期质量都差不多，但赛科的投资要比扬子一期节省了12亿元。

苏　勇：很大一笔数字。

王基铭：现在中石化全面推广了“IPMT+EPC+TM”模式。

苏　勇：多方合力，各自发挥，这是您根据中国国情特点创造出来的新模式。

王基铭：这种模式有利于调动各方优势，有效降低投资，已得到了大家的认可。

苏　勇：像这种管理模式，如果推广到国际上，有没有它的优势呢？

王基铭：刚开始我负责工程的时候，他们不接受，后来也接受了，希望用这种模式。现在他们和我们合资的一些项目，包括我们现在海外去做的项目，如在沙特建的炼油厂和“一带一路”项目上用的都是这种模式。

王基铭（右）和一线员工在一起

苏　勇：所以它不仅适合在中国做，也适合中国企业到国外去开拓市场，甚至对外国企业，也同样适用。

王基铭：他们觉得这个方法比较有优势，有利于他们控制涵盖进度、质量、安全、环境等方面的整个过程。

苏　勇：这个模式是您创造的。

王基铭：我能评上院士很重要的原因就是这个模式，还有一个推进国产化的工作模式，包括国产技术的应用等，这是他们评我为院士的两个重要依据。

苏　勇：王总，讲到国有企业管理，最难的可能是对人的管理。国有企业现在也会碰到一些人才管理方面的问题，您在这方面有些什么管理思想可以和我们分享的吗？

王基铭：我觉得，作为一个一流的企业，必须要有一流的领导、一流的人才和一流的队伍。事情再难也是可以靠人来解决的，高素质的人才能培养出一个高素质的企业。所以，我觉得人才是最宝贵的。其中很重要的一条就是领导能调动企业中不同岗位人才的积极性，这个很重要。现在国有企业面临的最大问题是人才流失问题，我总结了三句话，就是三个留人，“事业留人，感情留人，待遇留人”。一方面，你要使人才觉得在这个企业是有发展前景的，有能施展才能的舞台，如果员工觉得企业没有希望，就留不住；另一方面，必须要和员工保持沟通，要尊重他，打破论资排辈的限制。我说过一句话，要把有本事的人用在重要岗位上，给舞台，压担子，同时要给一定的待遇，使他的价值能得到充分的体现。企业发展的核心就是发挥人才的积极性，调动他们的聪明才智，使他们感到在这个企业工作，个人价值能够得到体现。作为企业领导，就应该在这方面为人才创造条件，包括生活、工作、待遇等。

苏　勇：这就是您说的“三个留人”。

王基铭：企业就像一辆汽车，要有“两个轮子一个轴”，两个轮子分别是管理和创新，那这两个轮子靠什么轴来带动呢？就是人才，要有好的管理人才、好的技术人才来带动它。同时，企业的领头人要掌控方向，才能让企业快速地向前推进。

苏　勇：在您50多年的职业生涯中，尽管在不同的岗位任职，您一直都是贯彻着这样的想法，努力去实践。

王基铭： 尽管我2005、2006年离开了中石化，但是我的心、我的脑子，还是没有离开企业。我做工程管理研究或者带研究生，都和企业密切相关，都是和石化行业结合在一起，希望可以尽我的绵薄之力推动中国石化企业走向世界一流。所以，我在退下来后也做了一些事情，如出了一本工程管理方面的书，介绍了建设石化工程的一些经验。另外我还主编了一本炼油辞典，让后人能够有所借鉴。因为我们年龄已经大了，要把我们一生积累的东西回报给社会，回报给培养我们的党和祖国。

苏　勇： 上个月您远赴宁夏，考察了一些石油化工企业。您曾经说未来的三年中石化可能会比较难，体现在什么地方？

王基铭： 因为过去我们的竞争对手只有中石油、中海油，而且“三桶油”都是国有大企业，竞争关系相对单纯。随着民营企业的崛起和经济全球化的发展，我们现在面对的竞争对手不只是中石油和中海油，还包括崛起的民企和跨国公司，所以要面对的是三个方面的竞争。

苏　勇： 立体化的竞争。

王基铭： 立体化的、多维的竞争。你的核心竞争力和优势在哪里，怎么来发挥，都是必须要面对的问题。你必须要有顶层设计，要有一种全方位的战略规划和战略思维，来增强企业的核心竞争力，我觉得应该有一种危机感。

苏　勇： 所以大型国企的领导人也要有很强的前瞻性战略思考。

王基铭： 对。管理企业就像逆水行舟，不进则退。如果没有危机感，很快就会落后。

苏　勇： 哪怕像中石化这样的超大型企业。

王基铭： 千万不能夜郎自大。任何企业都必须要有危机感，这样才能持续前进，否则很危险，这是我的感受。

苏 勇： 王总，您作为一名中国工程院院士，最近您也非常关注可持续发展，包括化工行业或者能源。关于新能源的崛起，您有什么前瞻性的思考？

王基铭： 新能源肯定是要积极地发展，它对环境保护起了很好的正面作用。像我们这种传统的化工行业，本身就存在一些污染，关键是怎么来治理。首先要从源头开始，从建设新项目开始，我讲过“三同时”，设计、施工、投产都要求相应的环境处理措施，要同时跟上去，这是一方面。另外，从源头的原材料开始也要考虑到环境保护问题，然后到生产工艺、生产过程，包括产品，都要是绿色环保的。现有的怎么办？必须把欠账先治理掉，该投资的要投资，该管理的要管好，我觉得这很重要。作为一个企业，首先做到本质的环保和本质的安全，要向社会公开，做到透明，让老百姓知道企业在干什么，是怎么生产的。现在我们的企业设有开放日，让社区的老百姓来参观，而且在工厂门口把有关的指标公开，让公众知道，这样才能消除老百姓对化工企业的隔阂和误解。因为化工是基础性行业，必须要发展，不能因为环境保护问题而不发展，但是，作为企业本身来讲，首先要有一种社会责任，必须治理好环境问题，做到本质安全、本质环保。另外，作为社会的一分子，必须要对社会负责。我现在担任中国可持续发展工商理事会的会长，在关注环境保护方面的工作。这个理事会是由各个行业中的领先企业组成的，比如说钢铁行业的宝武集团等，也有跨国公司，像BP、壳牌等，都是我们的成员，我们通过与领先企业的沟通来推动工商企业的可持续发展。

苏 勇： 就是集合一批优秀的企业，考虑如何从企业的角度推动社会的可持续发展。

王基铭： 我们有一个项目叫“1+3”，一个企业的上游原料供应商要做到可持续发展，下游消费者也要做绿色可持续发展，称之为“1+3”行动。现在，中国已经成为世界的第一大化纤国，每年涤纶的出口将近1000多万吨。涤纶的学名是聚对苯二甲酸乙二酯，基本的原料包括两样，一个是大家都知道的PX（对二甲苯），还有一个就是乙二醇。我们国家涤纶现在产量很高，涤纶前面是PEG（聚乙二醇），再前面是PTA（聚对苯二甲酸），再前面就是PX（对二甲苯）。现在舆论上说PX污染性强，其实搞化工的都知道，它和汽油属于同一类物质，但大家觉得汽油没有什么妨碍。

苏　勇：大家都可以接受汽油。

王基铭：但不接受PX，舆论在这方面也有一些过度的误导。我是中国引进的第一个PX项目的负责人，是中方总代表，1978年开始谈判，1985年投产。2017年我75岁，身体还不错吧？说明我没有受什么污染，这就是一个现身说法。但是，我们也要重视环保，当年就严格做到了上面我说的“三同时”。我在上海石化当厂长时，环保实行三级处理，一级要处理好，分厂一级也要处理好，总厂一级还专门有一个“三废”处理厂，废水、废气、废渣都有不同的处理。我们的生活区和厂区中间有一个将近500米长的绿化隔离带，现在绿树已经成林了。生产装置是总部统一布置，风向等都做了周密考虑。所以PX不可怕，关键是我们要重视。同时，作为老百姓也要理解，这是我们国家一个重要工业，要支持它，而不是把它妖魔化。

苏　勇：那么企业是不是也有这样一种责任，就是要做一些科普工作来消除老百姓的误解？

王基铭：对的。化工是一个基础性工业，关键是从事化工的人一定要做到“三同时”，做到本质安全，管生产的人要做到无泄漏，严格管理，又要向群众做到公开透明。

苏　勇：所以主观上、客观上都要高度重视，各方面工作都做好。
王基铭：对，大家一起来做好这件事。

苏　勇：所以化工企业并不可怕。
王基铭：并不可怕。

苏　勇：谢谢王总接受我们的访谈！
王基铭：谢谢！

【专家点评】

“敢”字当先的院士企业家

赵海龙
博士、复旦大学东方管理研究院高级项目主管

王基铭先生是中国工程院院士，华东理工大学教授、博士生导师，中国能源装备终身成就人物奖获得者，中国企业联合会特邀副会长，中国可持续发展工商理事会会长。此外，他被世人，特别是中国石化人所更熟悉的身份还有中国石油化工股份有限公司（以下简称中石化）原总裁。

王基铭和中国炼油化工打了长达半个多世纪的交道，为中国石化工程建设做出了杰出贡献。从投身高桥的上海炼油厂，到掌舵上海石化总厂，再到领导中石化，他见证了中国石化工业是如何从弱小一步步蜕变为世界一流产业，成为支撑中国经济命脉的企业之一。中石化的发展，虽有经济全球化和技术革新的背景，有中国改革开放战略和

创新政策的红利，但与掌舵人王基铭“敢于创新、敢于担当、敢于走出去”的管理理念紧密相关。

一、敢于创新，锐力改革

经济学家约瑟夫·熊彼特于1912年首次提出了“创新”的概念。通常而言，管理创新是指组织形成创造性思想并将其转换为有用的产品、服务或作业方法的过程。也即企业把新的管理要素（如新的管理方法、新的管理手段、新的管理模式等）或要素组合引入企业管理系统以更有效地实现组织目标的创新活动。

要有效地进行管理创新，必须依照企业创新的特点和基本规律。目前世界上较为成熟的创新理论有以下几种：一是企业本性论，即以追求企业利润最大化为基础的创新；二是管理本性论，即如何通过管理创新，保证产品质量，增加产量，降低成本，提升利润；三是员工本性论，即认为人是生产力的基本要素和管理主体，要以此为依据进行创新；四是国企特性论。国有企业是国有资产的运营载体，当前在国民经济中占有主导地位，是一种“特殊”的企业。政府要依靠和发挥国有经济的作用，通过国有企业实现宏观调控，与外资企业抗衡，稳定市场秩序，维护公开、公平的市场竞争环境，保证经济社会发展目标的实现。改革只会改变国企承担社会目标的形式和某些内容，但决不会改变其承担社会目标的职能，也不会改变经营者所面对的较之私人企业更多的管理难题。王基铭在上海石化、中石化的工作和管理过程中，正是充分借鉴了以上几种基本的理论，大胆创新，锐力改革，取得了突破性的成绩。

一是创新性地提出发行企业债券和发动内部职工募资。在上海石化建设过程中，从一期的“战天斗地”，动员5万名群众从平地海滩上建起工厂，到二期提高加工能力，引进我国第一套芳烃联合装置，再到三期排除万难，建设30万吨乙烯项目。这个过程不仅需要国家政策的大力支持，还需要领导者的正确指引和带领。特别是在三期建设中，由于严重缺少资金，在“万事俱备，只欠东风”的情境下，王基铭创造性地向中央政府提出发行企业债券、自筹资金的解决办法，这在当时的中国尚属首次。经过精心准备，“敢吃螃蟹”的他成功募集到了一大批资金，解了燃眉之急。但缺口仍是很大，王基铭又适时提出“救救母鸡一把米”的口号，号召上海石化全体职工筹款支援，在短短的时间内就募集到了2300万人民币，终于得以顺利解决资金难题，将项目进行下去，解决了毛主席当时提出来的“解决中国人民的穿衣问题”。不论是首次发行企业债券，抑或是发动职工募款，都可以看出王基铭敢于创新的管理理念。

二是创新性地提出经营管理大型国有企业的多维战略。王基铭作为一个经验非常丰富、长期执掌中国大型国企的高层领导，客观地指出，国企有国企的优势，也有自身的不足。他指出“作为一个大企业，一定要克服大企业病，特别是横向协调性、系统性方面”。针对此问题，王基铭很早就认识到了市场在资源配置中的关键性作用，创新性地提出建立“市场网络（加油站）+占领资源（码头、原油管线）”的多维战略布局，并指出企业要充分发挥自身比较优势，避免同质化，要结合时代特征和市场需求大胆改变商业模式，关注消费者感受，并积极向民营企业学习，实现资源互补，真正实现企业做强、做优、做大。这些管理理念在20世纪90年代的中国是非常具有创新性的。

三是创新性地提出并实施符合中国实际的工程管理模式。在王基铭丰富的石化工程建设实践中，创新性地提出了诸多适合中国企业和社会环境的石化工程管理模式，最为有代表性的就是“IPMT（项目一体化管理组）+EPC（设计、采购、施工工程总承包）+TM（工程监理）”的模式，这种模式充分吸收和融合了中国传统管理模式和西方管理模式中的有益做法，各司其职，分工合作，互相监督，相互促进，在工程进度、质量、安全、环境保护等多方面有效降低了成本，有力保证了质量，大大提高了工作效率，被国内外业内人士普遍认可和接受，王基铭也因此模式在2005年被评选为中国工程院院士。

二、敢于担当，善于担当

从企业管理的角度来说，担当是优秀管理人员的必备素质，是企业家精神的反映。敢于担当、善于担当的管理者是团队的主心骨，是驱动企业勇往直前的中心动力。这种优秀管理者的品质在王基铭身上得到了充分的体现。

首先，他敢于担当。“敢于担当”就是敢于负责、敢于担责；遇到矛盾不绕道，遇到困难不退缩。企业员工不论职务高低，均有着自身的一份责任，这份责任就是岗位职责。要履行好自己的职责，就必须将岗位当成阵地，敢于承担起这份职责所应承受的风风雨雨，敢于直面这份职责所面临的困难，敢于正视履行这份职责所带来的得失。中国石化工程发展到1994年，由于缺乏核心技术，设备一直以来是以进口为主，这严重影响了中国化工行业的健康发展。当时已经是中石化副总经理的王基铭，经过周密的调查研究后发现，中国已经掌握了制造石化设备的核心技术，且拥有了一批技术人员，已经初步具备了设备国产化的条件，缺的就是勇于担当、敢于承担责任的管理者。为了实现石化设备国产化，王基铭大胆地站出来，拍着桌子说：“我来负责！”。这种行为，足以表明王基铭是一位敢于担当的杰出的企业管理者。

其次，他善于担当。敢于担当需要勇气，善于担当则需要能力。没有较强的能力作保障，敢于担当只能是空话、大话。一个管理者即使有敢于担当的勇气，有勇于担当的觉悟，但缺乏相应能力，工作就会力不从心。能力是支撑自身完成使命、正确履职的条件，是担当的底气和根基。没有能力的担当，可能会事与愿违，出现好心办坏事的后果，甚至酿成大错、大祸。当做出化工设备国产化的决定后，王基铭充分发挥他善于担当的能力，带领一批优秀的技术人员，坚持高标准、严要求，开展了一系列富有成效的认真细致的工作，胜利完成了首批化工设备的国有化，有力地振兴了民族工业，得到了世界的认可。

最后，他以担当为己任。担当不在一时，而在于坚持，不只在任时需要，是要持续下去的一种精神，这种精神在王基铭身上得到了很好的验证。2017年，党中央、国务院发布了《中共中央、国务院关于营造企业家健康成长环境弘扬优秀企业家精神更好发挥企业家作用的意见》，对包括国有企业在内的中国企业家精神做了精辟的论述。在谈及企业家精神内涵的时候，王基铭充分体现出了一个大型国有企业领导者的担当观。他说："作为国有企业的企业家，要担起三个责任。经济责任，因为你首先要创造效益，不创造效益，就不要当企业家。除此以外，还有政治责任和社会责任。"他认为：企业家还要做到"三个出，即出效益、出人才、出经验"，要挑好这"三个担子"。一个企业家应该追求的是四个字——基业永存，而不是在位的几年做得很辉煌，留下后遗症，应该首先考虑企业将来一步一步往更高的方向去发展。"在位的几年，只是400米接力赛的中间一棒，当我接上这一棒时，必须竭尽全力把它跑好，但也要为后面的接棒人创造好条件。不能把交接棒搞丢了，要很好地交到下面的人，这一点很重要。我觉得这里面有一种使命，一种责任，以及一种担当。"当前，虽然王基铭已经不再担任中石化的领导人，但仍在时刻关心和关注着中国石化建设，不论是担任华东理工大学博士生导师，传道，授业，解惑，还是作为中国可持续发展工商理事会会长等，都是在用自己的方式来为中国石化建设的持续健康发展做着贡献，就像在访谈中他说到的"参谋不参政，咨询不决策，服务不添乱"。

三、敢于走出去，整合世界资源

在经济全球化发展的趋势下，随着各国之间经济的不断往来，世界经济竞争逐渐形成了以知识为基础，以信息技术为载体，以跨国公司为依托，以及以金融活动为中心的新格局。近几年，中国企业走出去战略呈现出步伐日益加快的特点，这种发展战略是适应经济全球化发展的必然要求，有利于调整经济结构和优化产业结构，有利于合理配置资源和有效利用国外资源，有利于开拓国际市场。

中石化作为大型国有企业，虽然有国家政策的红利，但依然要面对来自市场，特别是国际市场的激烈竞争。而正是2000年，按照中央和国务院的要求，王基铭主导了中石化的整体上市。面对世界主要的资本市场（包括一些投资机构和大企业）对中国国企还存在偏见等不利条件，王基铭充分展现了个人外交谈判上的能力，在国际市场上直接面对世界上排名前三位的石油化工集团，即埃克森美孚、BP和壳牌，展示出了中石化的比较优势，吸引他们投资，从而将中石化带到了世界舞台上，不仅为中石化成功上市、走向世界打开了胜利的大门，更为重要的是，中石化的发展眼光、视野，考虑问题的格局，也都因此发生了重大的转变，能在世界舞台上充分展现中国石化的魅力。

敢于创新、敢于担当、敢于走出去，这三个品质在企业管理中并不陌生，但对于20世纪90年代的中国企业家来说，有这样的胆识和魄力实属不易。掌舵中石化这样的大型国企，压力可想而知，但王基铭成功地抓住了企业管理过程中最为重要的三个因素。他曾很形象地说："企业管理方面，企业就像一辆汽车，要有'两个轮子一个轴'，两个轮子分别是'管理'和'创新'，一个轴就是'人才'，要有好的管理人才，好的技术人才来带动它。同时，企业的领头人要掌控方向，才能把企业快速地向前推进。"

王基铭就是那个能够掌控企业方向，推进企业快速前进的领头人。

汪　建

不破不立　破而后立

主 持 人： 周健工　上海第一财经传媒有限公司CEO

访谈对象： 汪　建　华大基因董事长

访谈时间： 2017-10-28

访谈地点： 华大基因深圳总部

周健工： 汪总好！非常感谢您接受我们“改变世界——中国杰出企业家管理思想访谈录”栏目组的访谈。我觉得基因技术有非常远大的发展前景，它会对整个人类的健康，还有健康产业和科技创新等，带来巨大的影响。DNA是在20世纪50年代初期发现的，IT技术、互联网技术、电子计算机技术等都是在20世纪40年代末、第二次世界大战结束之后发展起来的，和基因技术发现的时期几乎是一样的。但是，IT技术和互联网技术领域已经产生了一批家喻户晓的巨头型公司，如PC时代的微软、英特尔，互联网时代的谷歌、Facebook，再到中国的BAT

（“B”即百度、“A”指阿里巴巴、“T”即腾讯），甚至是软、硬件结合的苹果公司，那在基因技术领域，中国是不是已经产生了这样类型的公司？

汪　建：肯定会有的，但现在没有。

周健工：为什么没有？

汪　建：DNA双螺旋结构是在1953年确定的，20世纪70年代才能真正读基因，20世纪80年代才在这个领域中出现了诺贝尔奖，这是一个完整的发现过程。而半导体是个技术的进步过程，电子、量子力学等领域的理论研究都已在更早的时间上开始了。基因科技的整个理论基础和真正的科学发现是2000年的事情，与半导体技术相比有点滞后。

周健工：20世纪50年代科学发现的滞后。

汪　建：对。工业革命的一个特点是首先出现了物理学科的理论先行者，再有技术的进步，然后出现产业的快速落地。20世纪50年代仙童半导体公司的成立表明技术的转化和应用，就是一个技术的探索过程。这个领域中的科学问题基本上都解决了，诺贝尔奖也都拿走了。物理学也是这么一个特点，先有思想解放，后有科学发现和定理，再有技术发明、创造、革新，最后发生工业革命，产业落地。最近二十年来互联网的出现加快了这个过程，而互联网本身之所以能迅速发展也是因为二十世纪五六十年代的一系列理论问题的解决。那生命的DNA到底是一个什么东西，它遗传的到底是什么？1943年，薛定谔提出来的生命是什么，基因是什么的问题，到1953年，才确定了基因双螺旋结构理论，到了20世纪60年代末70年代初，才可以读基因，20世纪80年代，才出现可以读基因的工具，20世纪90年代初，才启动了人类基因组计划。当时为了研究一个人的基因组，花费了十几年时间和三十多亿美元，六个国家，几千人共同努力，所以它是一个巨大的科学发现的过程，这个过程会随着工具的进步而越来越快。

周健工：您刚刚谈到了IT技术的发展，它经历了思想解放、基础理论的突破，然后转化成技术，最后加以应用等几个阶段。我想问您，当初您参加全球的人类基因测序的时候是20世纪90年代，当时基因技术是处在一个什么样的发展阶段？

汪　建：科学探索阶段。

周健工：科学探索分为几个阶段，当时参与的时候，您认为处在一个什么具体阶段？

汪　建：没有人知道它到底是什么。20世纪80年代末提出要做的时候，很多大科学家甚至提出来要三百年才能完成，估计需要30亿个碱基，一个碱基需要一美元。

周健工：那就是30亿美元。

汪　建：对！因此大家觉得不可能完成。

周健工：当时这么昂贵，您怎么就想起来参加了？

汪　建：1990年，美国启动人类基因组计划的时候，我们几个在西雅图华盛顿大学。当时因为比尔·盖茨的原因，华盛顿大学是这个领域的世界领先者。政府给了一笔钱，比尔·盖茨也给了一笔钱，而且那几年，华盛顿大学三四年内就得了三个诺贝尔奖，整个学校处于亢奋的状态。

周健工：获奖都是在生命科学，生物学和基因领域吗？

汪　建：在物理学和生命科学领域。一个是细胞生长因子，一个是磷酸化，还有一个是物理学的。当时华盛顿大学雄心勃勃地启动了两个计划，旨在引领世界：一个是蛋白质组计划；另一个就是基因组计划。当时我去了，因为我是做心血管研究的。华盛顿大学的基因组计划确实是引领全球的，我们觉得应该把它搬回中国来。

周健工：当时您在那里读书还是做访问学者？

汪　建：做博士后。当时于军、黄谷洋、黄家树这些人都是华盛顿大学的。

周健工：当时是哪一年？

汪　建：我们形成这个思路是在1993年。当时于军提出来把它弄回国，说我们中间好几个是公费的，要做一些对得起生我们、养我们的国家和人民，应该把这一身本事交还给国家。当时有了这个想法后，我们就开始北京、上海到处跑，希望做成。但是争议太大，大家觉得人和人之间区别不大，既然美国人做了，中国在当时的经济状态做这事干吗？搭顺风车不就完了吗？但是我们感觉一方水土养一方人，是不一样的，想能不能通过参与人类基因组计划，最后探索出中国人自己的基因。这也是一个探索，看看到底我们中国人的基因和美国人的有什么不一样。我们就是在这样的心态下做的，做了几年后，推动得比较困难。1998年和1999年，毛细管测序方法和商品化仪器的出现加快了整个进度，也降低了成本，第一次出现了所谓的摩尔定律的说法，速度提高了十倍，但又不太像摩尔定律，它是跳一下，进步十倍，然后又停下。

周健工：摩尔定律是18个月翻一倍，速度更快。

汪　建：它是几年跳十倍。

周健工：几年跳十倍，就是三年不跳，一跳就十倍。

汪　建：对！所以它整体和摩尔定律比，有时候快，有时候慢，但总体相似，就觉得再不干就错过这个历史机会了，希望国家来做，但大家还是有争议，我们就自己干了。

周健工：什么叫自己干？自己干不仅需要人，也需要钱。
汪　建：是的，当时在向相关部委申请的时候，大家存有争议。

周健工：您当时在中国科学院？
汪　建：对。后来就自己成立了华大基因。

周健工：当时是个公司吗？
汪　建：我们是1999年注册的，当时还没有非营利、民办非企业的相关法律，只能叫华大基因科技、华大基因科研等，不能叫公司。

周健工：那等于说你们这些创始人自己出的钱？
汪　建：对。有钱出钱，有力出力，没钱没力的，出个人气，就这么做起来的。

周健工：按出资，谁是大股东？
汪　建：当时说好的，有钱出钱，不论大小。

周健工：法人代表是谁？
汪　建：当时是我。

周健工：股权是平均的？
汪　建：对。因为它是一个公益组织。

周健工：在华大基因之前，您办了另外一家公司，有了一些钱，也放进去了。
汪　建：对。我拿了几百万，当时杨焕明也到家乡向政府借了些钱，大家就这么干起来的。

周健工：您当时办的第一个公司是做什么的？
汪　建：做艾滋病诊断的，实际上就是做人类基因组计划早期的一些项目，同时开展华大基因组计划。

周健工：华大基因成立了，然后你们去参与国际基因组的计划。
汪　建：对。当时没有得到同意，后来，经过中国科学院的协调，把它列入了国家项目。

周健工：是华大基因和中国科学院之间的合作？
汪　建：不是，和南方中心和北方中心，华大基因是在后面的，在国际上是以中国科学院的名义出现的。

周健工：等于说华大基因开创了中国一个新的基于基因技术的巨大产业。您曾经在中国科学院体系中几进几出，是为什么？和测序技术的不断推进有关系吗？
汪　建：当技术进步的时候，必然要求一个全新的模式来承接、对应、应用和发展。它是一个颠覆性的创新性技术，三五年跳一下，一跳就是十倍、甚至百倍的增长。你如果按部就班就没法接受，而且我们经历了美国的那个时刻，它也是这样的，敢跳的就做起来了。

周健工：敢跳具体指什么？用更多的钱买更多的测序仪器，还是说来研发更新的测序仪器？
汪　建：因为它是一个系统科学，仪器买上来就要扩大编制，这在公立学校没法进行。所以美国在20世纪90年代后期以后，公立学校就没有一家跟上的，因为政府不同意，你这么多人，将来项目结束了怎么办？所以当时有两个华大，一个是华盛顿大学本部，另一个是圣路易斯的华大，然后MIT（麻省理工学院）也扩大了研究基因测序的队伍，它是私立学校，是可以的，但在公立学校就不可能这样去做，体制有限制了。我在中国也目睹了这种变化，在中国科学院要做这么大的事情是不可能的，经费、场地都没有，当时的体制编制也有限制，所以必须离开去做这个事情，一开始做得好，但技术停滞了，我活不下去了，又回来了。加上我们做出了一些成果，中国科学院也希望我们回来，这是第一次进和第一次出。

周健工：您第一次离开中国科学院是因为没有经费，没有人，当时您是怎么弄到钱的呢？

汪　建：就自己先掏腰包。我当时把一个企业抵押了四千万元，最后真正拿钱的时候变成了两千万元，签下合同的时候，先给一笔，变成一千万元，一千万元的时候，先拿现金五百万元，然后借款五百万元，第二期再给你一千万元。

周健工：是这个控制了华大基因。

汪　建：对。后来，我坚持说科技必须主导。邓小平同志教导我们说，科技是第一生产力，不是说钱是第一生产力，到现在我也始终坚持这个观点。就是说，技术进步会为科学发现和产业发展带来双重挑战，因为现代科技的一个明显特点就是工具和技术驱动，当然你要有思想上的解放，要有宏观目标，才能去实现技术革新和技术发明。而这与IT最大的不一样在于你不能拿这个技术掉过头去做产业，所以这就是为什么我们早期要走那么长的路，资本都不愿意进来，因为所有的科学发现都是公益事业。

周健工：对！

汪　建：我们把科研、产业和技术方面的发现、发明、发展，称为“三发”，联动起来，瞄准一个大目标去实现，所以，当时提出来以目标、任务带动学科建设和人才培养，以科学、技术发明推动科学发现和产业发展。这就是“三发联动，三发三带”。用“发现、发明、发展”这个大目标“带动人才、学科、产业”，这是20世纪90年代华大成立基因组的时候定下的规矩，现在三十年快过去了，一直没变过。现在看来是对的，我们现在所有的事情，所有的项目，首先要看能不能造福人类，如果说能够造福人类就上，如果不能就“枪毙”，不许写商业计划书。

周健工：是什么原因最终促使您第二次离开中国科学院来到深圳呢？

汪　建：2007年发生了第二次测序仪器革命，那个合成法一下子往前跳了百倍以上，但是在技术上还有一些不足。所以我们在2007年开了SG会议，也就是杭州会议，把很多相关人员都请到了杭州。大家对过去的十年做了一个回顾，对未来十年也做了一个预判，觉得这是基因研究史上的革命性突破，但是你要变成产业的话，可能还要五到十年，这是一个历史性机遇，要抓住，要往前走，我写成了一个三十多页的报告，送到了国家相关部委，虽然被否定了，但还是觉得不能放弃这个历史机遇。

周健工：2007年的几月份？

汪　建：3月份。觉得不能放弃，和中国科学院领导说了，既然有争议，那我们能不能出去闯一闯？中国科学院领导说：“这里是一个开放、包容的机构，只要对国家有利，你们来去自由。”

周健工：其实现在看来，中国科学院下面产生了联想这样的公司，那你们为什么不和中国科学院之间建立类似的关系呢？

汪　建：我们提出过的，但被否定了，因为大家不看好。

周健工：当时PC已经有很成熟的技术和明确的市场了。

汪　建：对，有明确的市场和明确的技术，但基因是没有市场的，因为中国人没人知道那个技术可以解决什么问题，只认为是个烧钱的无底洞。

周健工：大家会觉得你们有毛病，总是谈一些大家听不懂的。
汪　建：大家不认同。所以被否定后，我们就从天津、南京、苏州、上海，一路“乞讨”过来。谁能容纳我们，我们就去哪儿。但是对外说的是，我们要找一个“背山面海、四季花开”的地方，后来终于找到了。

周健工：当时你们的条件是什么？
汪　建：没条件，能给一个房子容身就可以。

周健工：就是政府给一个容身之地吗？给您一块地，或者给您一栋楼，您安置在那儿？
汪　建：因为没人相信，所有的调研都是负面的。我觉得如果我们当时的设想能成为共识的话，那我们就不是真正的人才。真正的人才只有功成名就了，他的设想才能成为人们的共识。而已功成名就的人才很难再给人们带来颠覆性的东西，因为那样他首先得颠覆自己。

周健工：当时深圳市政府给了你们一个办公楼吗？
汪　建：深圳当时说“厚爱三分，高看三眼”，容纳了我们。实际上也没有什么，说有一个空房子，先进来吧，然后说会给一个什么东西。

周健工：优惠政策也给了吧？
汪　建：那时候我们就希望三年不问我们要干什么，不要GDP，不要产业和税收，因为我们是来做科研的。

周健工：给空间就行。

汪　建：对，当时就是这样希望的。作为第一个向全球宣布人类基因组计划的机构，当时触动了市委、市政府，一下就变成了深圳的“香饽饽”，而且是“一香再香”，但还是有很大的争议。当科研成果出来的时候，地方政府最大的争议就是说，这是一个国家的战略性项目，和地方政府有什么关系？现在十年过去了，大家充分意识到国家的战略也就是地方的担当。

周健工：你们的基因组计划一“战”成名之后，成了香饽饽，政府在资金方面开始支持你们了吗？

汪　建：是的，在中间就开始支持了，政府看到我们是在认真工作的，我们两年内发表了55篇高水平文章，现在已在《自然》《科学》等权威杂志上发表了两百多篇论文。

汪建（左）与周健工合影

周健工：那我冒昧地问一句，当初你们以惊人的速度发表在《自然》《科学》杂志上的论文，是想把它变成一个争取政府奖励的方式呢，还是说因为你们做出来了，政府才会奖励你们？

汪　建：当时心中揣着一点点幻想，希望论功行赏，这是一点私心杂念，但根本上还是一个科学问题。没有科学发现，就不可能有产业发展。毕竟是做了一辈子科研的，我下海也不是为了挣钱，而是为了做点好事，而且，每一个基础科研的突破都蕴含着巨大的产业机会，所以我们的判断是对的，和中国所有的企业不一样，我们把基础科研放在第一位。纵观中国最近50年的社会发展史，特别是在科学发展和产业发展史上，华大基因是唯一的，我可以问心无愧地说这个事。

周健工：那从商业上来说，华大基因的股权结构发生了什么样的变化呢？

汪　建：没有，是“大锅饭”。后来改了一下。

周健工：什么时候改的？

汪　建：我先说一下，华大基因的目标，从诞生之日起，就是人类伟大的事业。迄今为止，在华大基因讲得非常清楚，商业利益永远是副产品。只要我在一天，华大基因就不会为商业利益去奋斗。我们希望造福人类，“从我做起，造福人类”。首先要造福自己。我提出“两先三先”，就是“先天下之忧，先天下之乐”，或者按照党中央对深圳的要求，叫“先行、先试、先乐”，然后造福人类。因为你从事的是一个前瞻性的事物，在华大的大政方针和发展决策上，要坚持从自我做起。我坚决反对写商业计划书，而要先写自己的改变书，造福自己的书，你能不能让你自己活得好，比如能不能做出一个完整的农业系统，让自己不用外出去买菜。

周健工：所以您来了深圳之后，对公司做了一个重组和改造，是吧？

汪　建：对。我们现在是股权机构，对外、对内都是非常清楚的。对外占股51%，但不参与经济分配，不传给后人，这是华大基因的保证，它有决定权利，我们和职工的股权分配比例是14%和35%。

周健工：这是整个集团层面？
汪　建：对。

周健工：是哪一年改造成现在这样的一个结构的？
汪　建：我一来，就定下了这个规矩。

周健工：那你们从什么时候开始进入资本市场的？原来你们一直是靠自己的其他业务来补贴。
汪　建：实际上是被美国人逼的。

周健工：到最后资本还是来敲门了。
汪　建：不是，是我们敲了资本的门。因为在生命科学的时代征程上，科学探索始终是第一要务，所以我一直坚持商业只是副产品，要采取完全不一样的发展模式。但是当我们做出来以后，大家就希望你做出副产品，就来找我们了，因为那个时候我们的科技服务有收益了，可以赚到钱了。我们期望用科技服务来养活自己的医学服务和科研项目，当时是非常成功的。但是过了一段时间，当我们蓬勃发展的时候，我们的上游供应商，也就是我们的“武器共有者”，觉得“卖武器”还不如也扛枪打仗，所以他们也进入了。

周健工：是进入科研服务这个领域吗？
汪　建：科研服务领域。这样一来，我们就到角落里去了，失去了全球的定价权。当时最早的时候，我们占到了全球4成多，近5成，虽然制剂消耗只占了全球的20%～30%。但由于是高效产出，所以占了全球的40%多，最高的年份是在2011年和2012年。

周健工：您说的产出是指测序的结果？

汪　建：数据产出。那个时候，他们觉得市场打开了，也想进来，定价权就被拿走了。我们遇到大的科研合作的时候没有了定价权，只能分点“残汤剩水”，所以，我们只好去解决根本的工具问题，因为这个工具问题是在中国。

周健工：要获得最好的测序仪。

汪　建：对，因为这个领域中的基因到底有没有用，始终是中国近二十年来的争议。当时谁都不写功能基因组，不能加“功能”两个字，做基因的人是拿不到钱的，2007年，我们为什么要离开北京，就是因为一分钱都拿不到。

周健工：所以你们只好去找资本了。

汪　建：不是这样的。因为当时有争议，国家也缺乏前瞻性的战略布局，没有战略布局，就没有资源配置，就无法开展工作。所以，在整个仪器制造上，中国是空白的，当感觉到我们连“武器”，也就是工具都没有的时候，我去了一趟刘公岛，看得热泪盈眶。

周健工：北洋海军。

汪　建：对。你炮弹不行，船只有一艘，打完就没了，所以没有自己的工具就没法持久。我就觉得当时我们也往那条路走了，我们也没办法，也没想到做生物的怎么到工业界去了呢？我不可能说服任何人，当我们扛着“洋枪”，呼叫炮火资源，呼叫子弹的时候，发现子弹涨价了，这仗怎么打？

周健工：供应不上了。

汪　建：是不给供应，从美国到中国，价格提高了两三倍，那只能“缴枪投降”了。所以，我们在欧洲和美国战场上是一败涂地，那回过头来自己要“造枪造炮”，发现所有的知识产权的屏障已经形成了，当时华大已经有两千人了，我总不能去“偷鸡摸狗”吧？只能走捷径去收购。

周健工：是哪家公司？

汪　建：美国上市公司Complete Genomics（简称CG）。他们的技术很好，但是犯了一个错误，直接提出要完整基因，怎么可能呢？所以步履艰难，价格也很贵，他的模式不对，而不是技术不好，专利不行，所以我们买过来，先做些小项目，公司马上就活过来了。

周健工：CG是原来你们供应商的竞争对手。

汪　建：对。

周健工：为了收购CG，你们去找了资本，敲了资本的大门。

汪　建：我们就“卖身”。

周健工：当时是哪一家资本？

汪　建：都来了。红杉资本的沈南鹏、光大的陈鹏辉，还有中信的、中国人寿的，全进来了。

周健工：您一下吸引了这么多资本，说明大家还是挺看好您。资本进来后，对商业上的回报就开始有要求了，给您压力了吗？资本将来是要退出的。

汪　建：对，当时有一些压力。后来反过来，我就非常强势，虽然名声不太好，但信用很好。

周健工：当时您把整个华大集团的业务分成了几块，华大科技，华大农业，科大研究等。

汪　建：当时叫作“四部曲”，科研、科技服务、医学服务，还有人文服务。当时资本只进入了科技服务这个版块，进来后发现扛不住，因为“武器”被人断了，自己的又跟不上，十几亿元不够用，后来又要了一次，一共69亿元，给CG投了40亿元。

周健工：都投在技术服务业务里面？

汪　建：没有，都投在工业上了，就是制造上。我始终坚持科学探索，提出了一个伟大的造福人类的目标，叫“四个第一”，即科学原理第一、工具第一、大目标第一、结果第一。如果前三个“第一”都能做到的话，那结果就一定能做到“第一”，商业从来就不是我认真考虑的东西。

周健工：但是您最终还是要卖产品出去，要面对市场，面对客户。

汪　建：我根本不考虑，产品能做好，客户自己就找上门了，我的客户现在都是找上门的。我们在引领一个全新的东西，要做好榜样。

周健工：作为公司最高层领导，您可以要求您的CEO，或者您的中层和各个部门，或者各个区域的负责人，这是您的一个战略，或者说是公司的文化特点。

汪　建：“三大纪律、八项注意”，这是铁条，我们要做好自己。所有的投资人都是我们的战友，都可以享受我们的员工待遇，只是要我们说了算，您照着来。实践论是它，方法论也是它。我没有商业模式，从来不谈，我不喜欢工业革命这一百多年来的各种模式。工业和市场经济会刺激人性弱点，让大家没完没了地追求物质享受。我们能不能倒过来，追求生命的真正价值？生命的真谛是什么？生命的质量，生命的长度，生命的意义，这不单单是我们的价值观，也是我们的人生观。

周健工：我同意您这个价值观。当您创造出了一种新产品的时候，如果这种产品能够从根本上给人们带来幸福，比如说健康、寿命等，那大家肯定会欢迎，自然而然会去拥抱这种产品和服务，也会拥抱您的价值观。但您面对的毕竟是个市场，也要去敲资本的大门，所以您的制造业，测序仪这一块，是不是做到了最先进？国内和国际市场上有没有您的竞争者？您怎么去对付他们？这是很现实的问题。

汪　建：我从来不考虑，下属也不用考虑，因为我们没有竞争对手。

周健工：就是连测序仪制造这一块您也没有竞争对手？

汪　建：因为他们不可能和我们竞争。

周健工：为什么？因为价格低？

汪　建：因为很厉害，我们对自己做出的东西很有把握，而且作为一个人类的共同事业，竞争者也都变成战友和伙伴了。我们70亿拿不下，拿一半或者三分之一也挺好。

周健工：市场份额的三分之一，在国内还是国际？

汪　建：不是，我们目标是为全人类服务，市场份额从来不是我考虑的事情。

周健工：在这个市场上，还有一个被称为“华小”的，他们也在做产前检测和基因测序。所以说，技术永远都不是门槛，对吧？尤其是在中国。

汪　建：不！你还是工业的思路、商业的思路，我对这个考虑得相对少一点。

周健工：那谁在考虑？

汪　建：都不需要考虑。按照时间规定，我们的测序成本，也就是实验室目标，基本上已经快实现一个GE，也就是一美元的内部目标了。

周健工：那一个人的全测序需要多少钱？

汪　建：现在美国的市场上是六百美元。2017年他们会提出来，在每一个圣诞节，我们会送给全球一个礼物，每年给他们一个“摩尔定律”。

周健工：2017年的圣诞节会是一个什么样的“摩尔定律”？

汪　建：肯定又会大规模的降价。

周健工：从六百美元降到多少？

汪　建：不知道，他们自己在犹豫降多少可以承受。

周健工：这就是您刚才谈到的每个圣诞节给基督徒的一个礼物？

汪　建：开玩笑的。

周健工：我觉得您的玩笑背后蕴含着一种战略，你们现在主要面对的是不是海外市场？海外和国内两个市场的份额是怎么样的？

汪　建：我始终说我们是服务人类的，“市场”就是为了挣钱，我不喜欢用这个词。

周健工：好，那就用区域，海外的和国内的。

汪　建：2017年是重返欧美和启动“一带一路”，双管重下。

周健工：主要是基因的测序服务，健康服务，还有科研服务。

汪　建：“一带一路”就是造福人类，欧美市场就是商业竞争。

周健工：商业竞争在哪些方面？

汪　建：新科技服务，要重拳出击。

周健工：会有刚才您说的测序服务吗？针对个人还是医疗机构的？2B和2C的都有吗？

汪　建：就是测序。针对医疗机构。2C的暂时没有，我不主张有2C，因为我们自己都没搞清楚，不主张任何跨越我们认知能力的商业行为。

周健工：您刚才提到了，在年底会推出一个针对个人的，像苹果手机一样的测序仪，是什么东西？

汪　建：没有，不做的，那是做α板出来。

周健工：但是您最终还是要2C。

汪　建：那个就是2C的，是手机的。先做成手机的样子，最后希望变成手机的一个功能。

周健工：在测序上，你们的海外布局是怎么样的？

汪　建：现在有三块，第一个是在圣何塞，我们有个一百多人的团队。在深圳有一个几百人的队伍，在长春也有一个。

周健工：在这一块，欧美占多大的比重，境外和境内各占多大，出口有吗？

汪　建：现在我们没怎么卖。我们现在就是希望变成一个自己的“军工”，先武装华大自身的武装。我们低估了自身的需求，原来有这么多楼，觉得已经是最大的了，可以持续一段时间了，结果2017年要扩大十倍才能满足对外服务，2018年还要再扩大十倍。所以说，在两年之内要扩大一百倍的量，明显产能是不足的，产能不足是好事情。

周健工：现在国内和国际生产测序仪的对手是哪些？

汪　建：国际上只有ILLumina。国内有一些，挖了些我们的人过去，但马上会遇到知识产权纠纷。

周健工：专利和知识产权还是在华大基因手里掌握得多，对吗？
汪　建：CG和后面的这些东西都在我们手里，就是当时我们“不敢越雷池一步”的核心原因。

周健工：刚才谈到，华大基因有非常清晰的价值观，就是造福人类。我想这一点，尤其是在华大基因这样的公司里可以表示得更清晰一些。因为你关系到人类的健康，解决人类的疾病、寿命的问题。但它毕竟还是一家公司，一个商业机构，我想问一下，资本进来后，作为上市公司，你们内部有没有通过各种股权激励来留住最优秀的人才？
汪　建：35%是职工的，他们自己决策。我们14%，不参与决策。

周健工：剩余51%，不参与分配，也不传给后人。
汪　建：但这51%的盈利部分，是可以给职工的。

周健工：谁代表职工来进行分配那35%呢？
汪　建：他们建立了合伙人制度。

周健工：这个合伙人制度和国内，比如像阿里巴巴的合伙人制度，或者像万科的，有什么相同和不同的地方呢？
汪　建：我们是百分之百控股的，一进华大门，就可以看到“My life in my hand”。华大基因自始至终把生命放在手中，你刚才讲的投资人要求的回报，我们保证每年30%的增长就可以了，其他不管太多。我们有自己的道路自信和理想自信，还有科技自信。

周健工：我觉得您的确很“狡猾”。刚才您说到，不谈商业，不谈市场，不谈金钱，其实您抓住了商业和技术结合处很本质的一个东西。您看整个

IT技术这些年的进步，实际上是摩尔定律，一个技术定律，其实也是一个商业竞争力的定律。只要您的科技层面在持续摩尔定律，每18个月您的成本就能下降一半，这就是竞争优势。人的全基因测序是六百美元，您在这方面是不是遥遥领先呢？

汪　建：当然是，而且我为什么说商业竞争不重要，因为工业的结局是过剩，我们能不能跳出工业的思维，给一个无穷尽的人类需求，提供无穷尽的服务。

周健工：您手里掌握了一个比别人更锋利的工具，是怎么去实现它的价值的呢？因为毕竟是一个商业机构，而且还是一家上市公司。

汪　建：其实，随便你怎么做，它就已经有价值了。在西藏我就告诉地方政府，我给你做这个事情，你觉得要我报个价，我的底线就是市场价去掉一个零，如果按照这个价给我，我就已经实现盈利了。

周健工：那您今天和我谈，我播出去，是不是暴露您的谈判底价了呢？

汪　建：我说是在西藏，对其他地方都是除三或除四，这是公开的。我最讨厌的就是一分价格一分货，高新技术是十分价格一分货，是典型的商业，我们不希望闻那个味道，我们是一分价格十分货，这是我们的目标。

周健工：现在华大基因已经上市了，变成了一家上市公司。

汪　建：上市的部分只是我的九分之一，而且我在那里还是控股的，也带来了每年30%的增长，多余的盈利都投到可持续发展上了。

周健工：其实能够实现高成长的公司是不需要市值管理的，因为市场自然会给一个更好的估值，只有那些伪成长的公司，才特别需要市值管理。

汪　建：对！现在我们的市值不需要管理，它已经飞上天了。最近还会公布，现在我们做的是以一个城市为单位提出来的，能不能把“聋”“哑”“盲”“傻”清零，能不能一个省、一个省地清零，能不能像习近平同志说的全中国清零，这是不是历史的丰碑？经济利益是不是自然就在里面了？在这个特殊的历史阶段，我刚才讲的，社会主义初级阶段，现在叫新时期阶段，人民美好生活的愿望是什么？是不是希望远离出生缺陷、传染病、肿瘤？我们做的事情就是尽快满足人们这些美好的愿望。

汪建（左）与周健工合影

周健工：我们再谈谈您的合成医学研究所，具体是在哪些方面展开研究和探索的？

汪　建：说实话，过去一二十年的发展，我们全部是按照中国的国情需求、前沿科学的发展趋势和自身的力量决定发展方向的，就是一定走自己的路。我相信人工细胞、超级细胞，是合成生物学的根本发展方向，但不要破坏农业，不要破坏整个生物学的生态平衡，要变成一个可控的状态。因为生物学的发展可能带来新的战争威胁，这种威胁是高于热兵器的。战争的模式，从冷兵器到热兵器，一定会过渡到活兵器。但是现在没有多少人讨论这个问题，我们也不过多去强调。

周健工：那我想问您一句，当一个产业，或者一项造福人类的技术普及的时候，是大家一起来推动好呢，还是由一家公司来推动？

汪　建：当然是一起来推动。那我请问你，当航天工业在中国可以民营时，是国有、民营一起上呢，还是让民营企业先走？

周健工：这两个行业诞生的背景和历史非常不同。

汪　建：那你现在是不是还要做十个阿里巴巴、二十个腾讯呢？

周健工：市场是会允许颠覆者存在的。

汪　建：那当然！但当一个企业的目标是将某种疾病的发生率降至趋向于零的时候，别的企业还有在这个领域发展的空间吗？你复制它还有意义吗？这是根本的科学问题，不是一个商业问题。你们都没有吃透这个领域，当某种疾病被清零的时候，你还颠覆什么？

周健工：我记得马云说过，我做大了，如果国家想拿去就拿去了。但事实上呢，国家还是不会去对一个商业机构采取这样的方式，还是会尊重市场的，让市场在资源配置中起决定的作用，这是写在“十八大”的报告里面的。

汪　建：国家需要的是让人民的利益最大化。华大基因的做法是造福的做法，不仅是市场的做法。如果完全用市场的模式，那将是毁灭性的，一定不能任由市场妄为，这是我从来不变的观念。

周健工：我假设一种情况，您说的最理想的状况是成本为零，交给国家，假如是在二十年后实现，您会等着国家做些什么？您做些什么？

汪　建：我现在已经有近两亿人在我手里了。深圳、长沙、青岛已经全覆盖了，昆明马上就要宣布全覆盖了，厦门，还有其他几个省也要全覆盖了。我现在一个省一个省地谈，比较累。

周健工：您怎么去造福他们？

汪　建：我给的价格很低，我要的是出生缺陷清零。

周健工：除了清零出生缺陷以外，还为他们创造什么价值？

汪　建：它的基因数据存在这儿，后面的区块链，全新的大数据模式就出来了，这是前所未有的大数据模式。生命是从基因开始的，人在出生前，就有了这个数据，就进入了一个全新时代。现在有三个国家，瑞典、丹麦、荷兰都在进行这样的策划，我们是他们的核心支撑。瑞典能做，我们为什么不能做？为什么我们不能引领世界？如果某个省公布清零了，马上就会出现蝴蝶效应、风洞效应。1950年11月，中国政府下令全国接种天花，当时技术还不成熟。到1954年，五亿人接种了；1959年，只有一个病人；1960年，中国就宣布清零了，生命从此开启一个全新时代。当时中国百废待兴，共产党下令全国接种天花疫苗，是什么样的情怀，是什么样的眼光，是什么样的决策？只要心中有了人民，事情就一定能干成！

周健工：华大基因现在有两亿的用户。

汪　建：不是，是两亿人口的覆盖面。1%的出生。那就是两百万，而且在迅速扩大。

华大基因董事长汪建和他的炊具

周健工：我们知道，现在最大的互联网公司，像Facebook，他有二十亿的用户。所以说，您覆盖的人越广，造福人类的速度就越快，幅度也就越大。所以，如果借用现在的科技巨头作比喻，您是想华大基因将来做哪一种现代科技巨头？您最想对标的是哪一类的公司？

汪　建：哪一个都不是我要对标的。我的下一步就是肿瘤，现在需要几万块钱的费用，我报的价是市场价砍掉一个零，让每一个肿瘤患者都有尊严地接受治疗。世界卫生组织提出，90%的人应该知道自己身上细菌病毒的携带情况，90%的阳性携带者应该接受恰当的治疗，90%的接受治疗的人应该有良好的治疗效果。三个90%，应该是总数的70%多一点。那我们能不能在贫困地区全覆盖，“一带一路”沿线全覆盖？我们服务的人口一定要超过20亿人，这是一个缓慢的过程，也有障碍，能否突破这些障碍不单单取决于互联网，还需要政府的大力支持，这和互联网情况不一样。为什么说不能对标，谷歌做的是什么？是人们身外的东西。Facebook做的是什么？是我们之间的东西。我们做的是什么？做的是每个个人的，牵涉每个人生老病死的。我们是造福人类，他们是改变，改变，改变。

周健工： 回到华大基因，我觉得今天您有一个说法是非常核心的，有助于大家对华大基因的理解。就是从一开始，你们始终坚持科学发现、技术发明和产业发展，三者是一起做的。
汪　建： “三发联动”。

周健工： 华大基因从诞生之日起到现在，确实在坚持这一点。实际上，在IT领域的很多科技公司也是这样做的。我想问一下，华大基因在这方面的研发投入占到整个集团的比例有多少？
汪　建： 除了给员工发点奖金以外，所有的资金全部回到研发，没有比例，有多少，给多少。

周健工： 汪总，今天，我再一次加深了对华大基因的理解，它不仅仅是科技、技术、产业上的成功，更多的是在公共利益上的贡献，因为牵涉到每个人的医疗和健康。历届政府，包括联合国，都把出生缺陷率、传染病发生率等作为一个衡量社会进步、人类幸福度的最基本指标。其实，我感觉在作类比的时候，它的确是和一般的科技巨头有所不同，因为它最终可能会造福最广大的人类。
汪　建： 不是可能，是肯定。

周健工： 祝愿华大基因能在这样一以贯之的价值观的指引下越做越好。当然，我们也希望华大基因能为它的投资者创造更高的价值，谢谢！
汪　建： 谢谢！

【专家点评】

“生命”的征程——汪建

周健工
上海第一财经传媒有限公司CEO

在中国的创新企业中，华大基因披着光环——所处的基因测序行业让人们对生命和健康充满了期待。它是深圳创新企业的标杆，中国在基因科技领域的开拓者，也代表了中国在这一领域的国际竞争力。

在中国的企业家群体中，汪建是一个独特的存在。这位华大基因的创始人之一，身上同时具备科学家的探索精神和企业家的冒险精神。当年汪建及其伙伴参加全球人类基因组项目，及时搭上了基因技术革命的列车，而后来在研究基因测序技术的同时，寻找商业应用的前景，成就了一家业内全球知名的公司。

围绕汪建，围绕华大基因，有不少争议，但有一点是肯定的，伴随着汪建及其创业团队参与全球基因组计划，中国出现了基因测序技术的研究、创新和应用，有些已经走在世界前列。华大基因是中国基因测序产业的黄埔军校，那些离开华大创业的员工被称为“华小”。作为华大创始人的汪建，已经“桃李满天下”了，在业内他被尊称为“老汪”。

汪建在几个关键时刻决定了企业发展的道路。当年他们在北京原有的体制内已经没有发展空间了，一路南下，终于获得了深圳市政府的支持。回顾一下，无论是汪建及其团队决定参与全球人体基因组计划，回到北京继续展开研究，还是在深圳找到根据地，他们所走的道路，都是在当时的困难条件下寻求突破的尝试，现在看来，他都走对了。

在企业战略面临重大抉择的关键时刻，汪建也起到了至关重要的作用，如华大基因测序仪的供应商Illumina也开始进入测序服务领域，从而对华大基因构成竞争时，他非常果断地收购了美国另外一家测序仪制造商Complete Genomics 。

华大基因目前占有全球测序市场最大的份额，并且通过并购实现了测序行业上下游一体化。测序本身并不是目的，测序所产生的人体大数据如何运用才是目的，如目前兴起的基因编辑技术、合成生物技术，以及在医疗检测、精准医疗、制药、生物、农业、司法等方面，都有可能产生广泛的用途。

汪建还确定了以科研引领服务、产品开发的战略。科研成果赢得了政府的支持。华大基因为世界各生物和医疗机构提供测序服务，站在了这个领域的前沿。对于汪建来说，他是一个不愿意与资本打交道，不愿意去谈商业模式，甚至不愿意去谈管理的人，正是在这些方面汪建引发了一些争论。

汪建对于华大基因一切想法的出发点，是对基因测序技术和应用的潜力深信不疑，以及他对造福生命价值的优越感，尤其当他推动这些与国家大计结合起来时，他相信商业变现会自然而然地产生。但是华大基因毕竟是一家在市场化中成长起来的科技创新企业，竞争者开始出现时，华大基因不得不面对各种企业管理问题。即使特立独行的汪建本人不愿意面对，华大基因的管理层也一定要面对。

但汪建的方式，也是有一定道理的。华大基因的价值，取决于以下因素。

华大基因与行业的另一个龙头Illumina在测序领域竞争，能否引领测序成本的“摩尔定律”，以更低的测序服务价格，结合日益强大的云计算能力，降低基因技术的门槛，从而引发更加广泛的应用和产业革命，驾驭这样的趋势更加重要。

对于华大基因这样一个测序巨头来说，即使是在上市之后，近几年最重要的并非利润的增长。华大基因的价值，并非短期的产品和应用的变现，而是由以下几个指标确定：人体测序成本下降的速度、市场占有率、测序对各物种的覆盖、测序数据尤其是人体基因数据计算基础设施建设，包括云计算、精准的分析能力等，这些都会比华大基因的短期应用更重要。华大基因需要让市场相信华大未来巨大的潜力，进而折现为当下的市场估值，借助企业价值的不断提升，华大基因进一步开拓其生命大数据的基础能力。

汪建对于基因产业和华大基因的未来潜力深信不疑，那就要认真思考短期变现的一些产品，是否真的能做出差异性，更重要的是他必须管理好市场的预期，尤其是对华大基因长远的价值预期，通过建立研究人体大数据的企业组织和文化，为华大基因的持续成长夯实基础。

对于基因编辑、合成生物技术等应用的边界，华大基因也需要做出有益的探索。

施振荣

王道经营　三造宏基

主 持 人： 苏　勇　教授、博士生导师、
复旦大学东方管理研究院院长
访谈对象： 施振荣　宏碁集团创始人、董事长
访谈时间： 2017-12-26
访谈地点： 宏碁集团台北总部

苏　勇： 施董事长，您好，很高兴您能接受“改变世界——中国杰出企业家管理思想访谈录”栏目组的专访。我们刚刚到中国台湾的时候就听到一个消息，宏碁集团发布了2017年第三季度的报表，整体的盈利状况非常不错。您曾经三次出山改造宏碁集团，您觉得最近反映出来宏碁集团良好的状况，是不是就表示从2013年开始的“三造宏碁”获得了成功？

施振荣： 苏教授好。成绩还可以，但要继续努力。四年前确定了一些战略方向及组织文化方面的调整，共创价值，营造新的利益平衡机制。全球范围内，我们60%以上的同人是老外，身居海外，需要在公司转型提出的新方向和新措施上达成共识，需要大家一起努力，我期待会越来越好。过去的努力都是在水面下，现在刚刚浮出水面上一点点，希望未来会有更大的成绩，让大家了解到一个领导人如何用一个王道的思维去创造价值，并能充分考虑到利益平衡。创造的不只是有形、直接、现在的显性价值，更包括间接、无形、未来的隐性价值，领导人要给予足够的重视。虽然相对于短期绩效而言，这些投资是非常不划算的，但是你如果不做这个改变，进行这些隐性价值的投资，你就没有未来，不能够永续发展，这都是从公司创立之初一直到现在的王道的基本精神，每次再造就是重新让它更王道。为什么公司不好？就是因为不够王道。

苏　勇：2013年是什么情况？亏损了吗？

施振荣：亏损是在2011，那时候宏碁集团已经要迈向世界第一了，当时是世界第二，个人电脑受到了平板电脑和手机的冲击，开始慢慢萎缩。过去的模式是用大量的通路让它们进来，但发现等到市场已经卖不掉的时候，还是一直在供货，库存就会越来越多，损失非常惨重。以前市场还在成长的时候，这个模式是非常有效的，但当市场的需求翻转时，用同样的模式就会导致销售不力，库存越堆越多，竞争力也就越来越差。他们都期待有新的产品能够实现翻转，也做了很多努力。新产品当然很有竞争力，但是很明显营运的模式是错误的，新产品也是推不动的。因为前面有那么多存货，通路对你开始丧失信心，竞争者也就乘虚而入。我不得不回去，要做改变，变成轻资产的营运模式，少赚一点就可以，反正投资有限，这个是本质不同的模式。

苏　勇：当时是一个什么样的情况促使您决定第三次出山来改变公司的面貌？

施振荣：我传承给了新的董事长，本是希望他来启动变革，因为再高科技的产业也要不断变革，找到更能够创造价值，平衡利益的方法。更王道的模式是必要的，是企业能够永续经营的必要能力，这个能力不应该一直放在我身上，而是要传承下去。所以，应该是原来的董事长要负起的责任，但是后来感觉到他有些力不从心，不知道要怎么进行变革。

苏　勇：当时他有点失去了方向。

施振荣：他就辞掉了董事长职务。我临危受命，回去做了210天的董事长，我抱定只能短期回来的想法，不能剥夺宏碁集团经营团队长期变革的权利。我只是和他们一起做好第一阶段的工作，也就是七个月的时间，然后就交给年轻人。同时也全面启动了组织年轻化的变革，因为一个企业不走年轻化的道路就不可能有戏，这些都是把很多的王道理念重新带回到宏碁的表现。当时的领导是意大利籍，他较认可西方快速创造显性价值的模式，也在积极地推动，非常有效。但是因为整个PC产业发生变化后，那套方法及生意方程式已经发生了变化，一定要变革。但他们不想变革，因为变就意味着要脱离所谓的“舒适圈”，进入到不熟悉的环境，你要否定原有的模式，找到新模式，又没有把握成功。所以，每次再造都像是重新创业，还好，我有创业精神，只是我更重视企业的传承。所以，这个过程中一定要得到很多人的信任才能够坚持下去。

苏　勇：那您是事先想好了只做7个月，还是发现了有合适的人就马上交接？

施振荣：还是事先在布局了，但我是能不回去最好就不要回去。万一要做的话，最重要的还是要负起责任，我是尽量授权，很多事情都不是自己做的，而是大家一起做。我们一定要找一些人，所以还没有被正式任命之前就已经和他们商量了未来可能的董事长人选。实际上，董事会在2013年11月初就已经启动了变革委员会，由黄少华担任法人兼执行秘书，我为主席。董事会开始要启动变革，原来的董事长没有很强的意愿，但是董事会认为危机已经很大，所以就成立了变革委员会。成立后，我们开始执行任务，在这个过程里面当然和董事长的系统会有一点冲突，再加上媒体一直在做问题报道，董事长觉得很难负起这个责任，就辞职了。我们再次召开董事会，并正式启动了第三次变革。

苏　勇：您就再次出任董事长？

施振荣：我出任董事长，但新的执行长还没有谈定。

苏　勇：所以您是过渡一下？

施振荣：我先请那些对宏碁集团很有贡献，又比较资深的人慢慢启动退休模式，让年轻人能够当家，呈现出新的气象，同时，开始启动新系统。1992年是再造宏碁，2000年是新宏碁，2013年是新新宏碁，就是不一样的宏碁，再次革新。讲讲是容易的，但要大家动起来很困难。2000年以后，我对媒体说需要3~5年，结果不到3年就启动了。这一次规模更大，我也不敢讲，说要5年，但是很多人都已经等不及，我也没有办法交代，已经往那个路上走了。

苏　勇：当时做了哪些事情？有没有具体的例子可以和我们分享一下？

施振荣：第一个是把公司以硬件为主的发展模式转变成硬件加软件和服务的模式。

苏　勇：从客户端入手。

施振荣：对。我从20世纪90年代开始就启动了从以科技为中心转变为以客户为中心的策略，也就是现在所谓的体验经济。要体验，嘴巴讲起来很简单，但是要整个组织，包括工程师们，改变这个思维就非常不容易。我讲了很久，每次开会都“敲”他们的头，告诉他们说，你们的思维要从体验经济出发，要首先把自己定位为没有技术背景，不了解技术的顾客，然后用了自己的产品后，感觉到应该如何改进。工程师认为很简单的，用户可能不会觉得。所以，在1984年，我提出要设计“猪八戒都会用的电脑”，为了这一点，我们一直在努力。

苏　勇：工程师希望把产品做得科技含量越高越好，显示出其高科技的水平。但是用户没有科技知识和背景，只需要好用，这是完全不同的两种理念。

施振荣：我说服他们的方法是说，用户使用得越简单，背后的技术就越难，对工程师的要求就越高，你创造价值就越大，成就感也才会越强。所以要把复杂的“包”在用户看不到的地方，不要显示说我很有学问，实际上把它简单化是对工程师的一种挑战，而且会让客户敬佩他们在为人类做出的富有学问的工作，是非常有成就感的，所以，我要肯定他们在这方面所付出的努力。

苏　勇：然后逐渐把观念转变过来。

施振荣：要时间，也要舞台，还要通过整个组织。一般来讲，变革首先是转变观念，思维和行为要先翻转。但是在行为翻转之前，机制要先翻转。

苏　勇：那您是怎么样翻转的呢？

施振荣：做到奖惩分明，每次开会都表扬那些已经翻转了的人。要为思维翻转落实到行为的人提供升迁机会。人事环境是一个机制，机制先翻转，行为才会翻转。

苏　勇：那在产品上是如何革新的，如何做到更加地以客户为导向？

施振荣：我们在公司里面分成两个事物：一个叫新核心思维，一个叫新事业。新核心思维就是原来以笔记本电脑为主的，现在涉猎到电竞产品，实现二合一，超薄，不需要有风扇的笔电，里面的冷却技术是世界最领先的。这样对用户来讲相对比较安全，而且轻薄，从而推动新的科技研发，并在美国成功推广。同时我们在做的，也是我提出的，为了迎接云时代的来临，做一个Build Your Own Cloud（简称BYOC，即自建云）。云不一定是远在天边，你家里的电脑，不管是笔记本，或者是台式机，云都可以近在眼前。从这个角度出发，我称之为“非主流”。我一回到宏碁就提出新思路，即从“非主流”切入。我认为，世界科技最后的应用普及一定是分散式和多层次的生态，第一个出现的生态是中央集权，到最后一定是分散式的自建云，两者互相合作，结合在一起。这方面没人看得上眼，我就在这方面作投资，经过4年，已经慢慢产生出了效益。像数位看板已经几十年了，现在透过云端的控制，实现和每一个零售店的连接，中央用云来控制整个生态，实现产业4.0的转变，是我们努力的方向。最近，我们在人工智慧方面也增加了些投入，在医疗、交通、自驾车、理财等方面都有了初步的成果。

施振荣（左）接受苏勇采访现场

苏　勇：这一点也可以从您王道理论的六个维度里面体现出来？

施振荣：对。要同时考虑，因为平衡是一个相互的关系。一方面是平衡，另一方面要建构一个互相加乘的机制。比如说，我在20世纪90年代有一个“群龙计划”，聘用100个总经理，这在当时是破天荒的。我推出的内部创业机制非常成功，造就了宏碁集团很多新创企业，但都各自为政，没有办法整合起来。这一次，我们重新启动同样的内部创业计划，称为“新群龙计划”，利用宏碁集团在全球的品牌效应，专业的管理能量以及全球的人才部署，大家联合作战，产生出综合效益。但是要认同一个观念，就是共创价值。涉及这么多人，讲起来容易，做起来很难，你需要建构机制，实现利益平衡。因为大家都是为了利益的诱因才走到一起，所以要平衡。机制到底如何去建构，我每天都在和新的董事长、执行长们，以及高级主管探讨，到最后要落实到实物上，然后再不断调整。

苏　勇：你三次再造宏碁，分别在1992年、2000年和2013年。您有没有一种担心，现在做了210天的董事长后退了，万一宏碁集团再出现业绩下滑，会不会第四次出山呢？我们看前三次您出山都很有效，没多久就翻转了颓势，宏碁又开始蓬勃发展起来，您会不会有这种隐约的担心？

施振荣：我本来就没有想到会有第三次。宏碁集团出现问题的时候，大家会期待我回去，我在公开场合说过绝对不会回去，虽然最后还是回去了。当时的理由是我不能剥夺宏碁集团经营者自变革的能力。变革最重要的是换脑袋，2000年我在启动变革的时候和内部人说要换脑袋，后来就换了。你不换人，自然就要换脑袋，但是并不那么容易。绝对不会有第四次了，否则后面就会成为你的问题。要面对这样一个现实，这也是我现在要把变革的思维留在组织里，而且要落实并传承下去的原因，这是我很重要的责任。

苏　勇：所以还是要培养企业或者组织自我革新的能力，而不是靠外在的、像您这样的权威危急时候出手来挽救，是不是这样的意思？

施振荣：对。但是实际上，我的方法也都有传承下来，比如说我的“5C”决策原则。

苏　勇：哪“5C”？

施振荣：Communication、Communication、Communication、Consensus、Commitment。所有的变革都要沟通、沟通、再沟通，沟通后要达成共识，“没有办法的办法”也是共识，因为你非变革不可。最后就是要Commitment，有共识后要和大家一起努力，做好分工，坚守各自岗位，尤其是主管，不能说你不承诺，不参与。

苏　勇：您平时经常和高级主管交流吗？

施振荣：是的。20世纪70年代创业的时候，企业文化已经在美国出现了，从第一天起我就确定了自己的企业价值观。一些基本信念也一直在落实，得到了大家的认同，像人性本善等，大家很赞同，产生出了真正的力量，大家也都有信心。西方管理理念进来后，虽然受到了西方文化的影响，但中国文化的影响还在。所以，我第三次回来后重新诠释了一些传统的价值观，但问题并不大，因为大家都有些怀念和认同，这是很重要的基础。每一次变革我都没有怎么改变企业文化，但会重新诠释，因为时代不同了，传统价值观的内涵也应相应做些变化。以前是科技导向，现在变成用户导向，这都要改变。但是我们也有不变的，比如说改变世界的热忱，我们自公司成立的第一天就已经有了这个热忱，即要改变世界。虽然改变世界刚开始都是吃力的，但大家都认同这样一个基本信念，这是很重要的。企业文化实际上要不断地经营，要在公司发展顺利的时候强化企业文化，否则在公司出现逆境的时候，企业文化就会缺乏说服力。

苏　勇：施先生，我们想进一步了解一下您三次再造宏碁的过程。第一次是1992年，当时是什么样的情况使您提出再造宏碁的理念？包括微笑曲线。

施振荣：1991年是创立以来第一次亏本，虽然金额不大，却是一个很重要的迹象。我们的经营绩效不好，整个产业竞争也越来越激烈，尤其做主机板的公司实现当地装配后，价格低了很多，品牌公司受到了这些所谓白牌的巨大影响，压力很大，利润降低。我记得很清楚，一夜间价格就下降了30%，整个产业都受到了很大的冲击，也是IBM有史以来亏损最大的一次。

苏　勇：IBM也亏损了。

施振荣：是的。产生了很大的变化，就不得不思索如何应变。我们考虑到，因为个人电脑包含有很多重要的零组件，如主机板的外壳、功能组件或者硬碟等，这些很容易在当地装配，生态就不一样了。因此，我提出了“微笑曲线”，分析产业链上出现的变化，明确了策略的方向，一是全球品牌结合地缘（Global Brand Local Touch）；第二个是主从架构（Client Server），也就是组织架构；第三个是速食式产销模式（Fast Food Business Model）。这三套完全没有听说过的新模式都代表什么意思呢？当然要去沟通。改变最重要的是要沟通。所以，那时候我全球到处跑，和他们沟通“微笑曲线”，要让大家了解到整个变革的大方向，给他们上生意经的课，因为做生意要有生意经，这个生意经要几个小时才能讲完，包括原则，怎么管理人、财务、库存以及客户等。后来，我制订了“群龙计划”，培养了100个总经理，每个总经理的观念也都要畅通，不能只有单一的功能。

苏　勇：要接受您的这一套观念。

施振荣：对。

苏　勇： 2000年又是一个什么情况？

施振荣： 2000年实际上是起源于1991年以后，美国出现了产业上的变化，叫作“不做电脑的电脑公司”。只管曲线右边的行销和品牌，左边就不管了。经过过去10年的发展，宏碁两边都在做，导致与客户发生了冲突，内部管理上也出现了混乱，竞争力在慢慢消失，需要我们变革，进行产业上的变换转移。这就是为什么2000年我就把左、右两边分割了，建立了纬创（前身为1981年宏碁电脑股份有限公司成立的DMS部门，即设计、生产和服务部门。纬创自身定位为ODM，即专业供应商），专注在左边，即研发和制造。

苏　勇： 那时候有亏损吗？

施振荣： 还没有亏损。很重要的一点，2000年刚好是泡沫的时候，所以股价降下来了。就像这一次股价是第三次下降，表示大家对你丧失了信心，不认同你现在的方向。所以，2000年分割的时候专注在品牌经营。我在会上也讲得很清楚，说宏碁现在什么都没有，只剩下四个字，ACER，大家努力来经营这个价值，那一天也讲到2004年年底退休的日程不变。

苏　勇： 你打定主意2004年要退。

施振荣： 一定要退。本来我讲的60岁退休，一定要执行。这个是分割管理，我们拥有了很多子公司，纬创、明基等，也有了很多的股票，我就慢慢淡出了。实际上同时已经在启动了。像我们在半导体方面已经开始处理了，把德基卖给台积电，把国基卖给富士康，扬智卖给联发科，可以说在台湾地区的领导性企业里都留有了宏碁的血脉，表现都很好。可以说，宏碁跟台湾地区所有的产业都是相关的。

施振荣先生

苏　勇：我们换一个话题。一提起施振荣先生，大家脑海里马上就会跳出“微笑曲线”，好像这二者是绑定在一起的。1992年，您是怎么会想起提出“微笑曲线”，您觉得到今天这个理论的价值还和当初一样巨大吗？

施振荣：“微笑曲线”的提出是第一次要变革的时候，我们做电脑的利润原来很好，突然变得越来越低，本来很赚钱的变成到最后可能要亏钱，有点想不通。我就从个人电脑的附加价值入手，从上游的零组件、研发一路到装配、通路，再到品牌行销，以及服务等，画出它的附加价值曲线，呈现出现在这个样子。实际上，在这之前我已经想到装配电脑太简单，没有什么太大的附加值。因为当时市场上的电脑多是在当地组装的，称之为“白牌”，也就是没有牌子的，我要说服在新竹工厂里面的员工把工作移到海外去。那时候还不叫“微笑曲线”，是讲附加值，组装电脑的附加值很低。把员工往左边和右边移，去做附加值比较高的工作，他们被我说服了。变革三年后，每年的营业额都增长50%以上，附加值提高了很多。当时有人说这个曲线像微笑，就用这个命名了。同时，根据“微笑曲线”，还提出了三个可能到目前国际管理学上仍非常新鲜的思维，第一个是全球品牌结合地缘（Global Brand Local Touch），让有市场的地方做主和管理，让当地所占股权超过一半，这一套模式很有效。

苏　勇：全球品牌，本地实施。

施振荣：就是结合当地地缘。第二个是主从架构，每一个电脑都有主有从，其他的都是来服务这个主。

苏　勇：什么是主？

施振荣：Client Server，主人的主。集团有很多独立的公司，每一个公司都自己做主，你支持其他公司来运作就是主从架构，这些在管理学里都是很新的观念；第三个是流程方面的，我称为“Fast Food Business Model”，即速食式的产销模式，由当地组装最新的个人电脑。

苏　勇：快速地响应？

施振荣：实施这样的模式后，尤其在Global Brand Local Touch，管理学把它称为除了美国模式、欧洲模式和日本模式以外的第四种国际化模式。宏碁模式要和别人不一样，要当地化。当时是新的观念，后来到笔电时代就不行了，又变成了中央集权。

苏　勇：为什么？大家都是电脑产品，为什么笔电不行，台式机却很好呢？

施振荣：台式机在当地容易组装，而笔电技术含量比较高，品质若要控制好，集中管理可能比较有效。另外，笔电体积小，空中运输也是可以的。以前，台式机中的主机板、CPU、内存这些贵重的东西全部空运，如果在台湾地区做，整机运到客户和市场端后就自动降价10%了，因为一到两个月的时间，零组件就降价了，东西也不新鲜了。而笔电都是空运的，不存在这个问题。

苏　勇：您觉得“微笑曲线”目前是不是还有它以往一样的价值？现在有人说我不做“微笑曲线”，至少不用在研发和品牌上做大投入，比如说宏海，它就是制造。

施振荣：这也不能说“微笑曲线”有问题。我从来没有说要放弃制造，只是说制造的附加值比较低，但是它相对容易，量也很大，所以总价值还是存在的，而且在这个价值链中是必要的一环，如果失去这一环，整个链条就无法通畅。到目前为止，我还是觉得研发和品牌的附加值会比较高，这些都是属于智财，也就是智慧财产，所以新的商业模式的价值链要重新构建，要以智财为主。我最近提出了一个新的微笑曲线，叫“多维微笑曲线”，不是一条微笑曲线，而是很多条。现在都在讲跨界、跨业整合，尤其在“产业4.0”或者是“互联网+”的背景下，是跨界的时代。为了创造价值，从王道的思维来讲，要考虑到你要创造什么价值。我们把它称为是体验经济，为了创造价值，你要考虑到用什么方法？各个价值链有很多现成的资源，能量都在那边，如何善用这些，就是现在的共享经济。所以，你要以共享经济思维来思考，以体验经济为目标，考虑新的微笑曲线，重构价值链。

苏　勇：能不能给我们再详细解释一下新微笑曲线的内涵？

施振荣：实际上，新微笑曲线中有一点是大家谈得最多的，就是品牌见证。价值链的基础现在是品牌，品牌不仅可以在一个价值链上提供，还可以跨不同的价值链，有跨领域的可能性，那就等于有多条微笑曲线。但要特别说明，价值最高的还是在智财，就是未来的智慧财产。另外一个是客户端，体验会创造价值，如果不创新原有的价值，就会渐渐贬值，加上按照经济学里面的供需原则，只要大家都供应，竞争加大，价值自然会降低。所以，你要不断创新，重构价值链，给它更有经济效益的方法，提供新的体验方向，才能不断地更经济。我们说“王道要更王道，经济要更经济”，就是价值创造越高越好，而成本越低越好。

苏 勇：所以还是原来的三个结点，左边是研发，下面是制造，右边是品牌和市场。

施振荣：应该可以这样讲。当然，制造在硬件方面动用了很多能力，但是未来机器人一定会促使制造发生变化。像APP服务，相对制造而言是最容易的，只要架构好一个基础建设，就可以自动制造。另外，要做Service（服务）还有一个问题，虚拟世界的Service是一回事，但如果是Offline（线下）的又是另外一回事。要虚实整合，未来实际的状况不会只有虚、没有实，也不会只有实、没有虚，这里的变化很多，很多创业者针对各种不同的需求、不同的时间来提供不同的服务。所谓不同的时间是所有生态里的消长、进程都不一样，要根据时间的变化重新组合出新的商业模式来为市场服务。

苏 勇：我们再来谈谈王道经营。王道思维是什么时候提出来的？在哪一年？

施振荣：是2011年提出来的，原来不叫王道。因为我们讲求双方执行，刚开始叫中道，也就是中庸之道。我们请了很多知名的顾问，都不太喜欢用这个称呼，听起来软弱无力。后来想到了王道，但不同意见又出来了，说这个王道怎么和美国的霸道竞争呢？查下来的结果是，英文的翻译中没有叫王道的，中文却是有其意义的，即“为王之道”。现在对于任何大大小小的企业而言，领导人就是“王”，我们谈的王道，如同春秋战国时各国王的为王之道，所以是有它的含义在里面，只是定义不同。为此，我提出了新的定义，即创造价值，利益平衡，永续经营。这也是我多年来国际化经营的经验总结。一个领导人要建立一个组织，就要考虑到为社会创造价值，要平衡所有利害相关人的利益。我的目标是希望把它系统化，用这套方法在国际华人企业中做出一些成绩后，变成世界普遍的价值或者管理的思维，这是最终的目标。

苏　勇：现在推广到什么程度？

施振荣：我不勉强。我一直在等宏碁集团再次强大的时候再写一本书，从《再造宏碁第一次》，到《再造世纪变革》，以及这次的《三造宏碁》，事实搞清楚才会有说服力。你在之前要有很多的案例，需要一点时间。最近，彼得·杜拉克管理学院的院长来和我交流，希望做一个研讨，因为彼得·杜拉克在日本是非常受欢迎的，他觉得他的思维就是王道思维，只是西方的讲法不太一样。我在亚洲公司治理协会举办的大会上谈到公司治理的这个王道观念，大家也都认同。如何有效推动，实际上要求华人管理学者要有自己的东西。苏教授也在研究中国文化中的管理哲学，这样才会对人类做出积极的贡献，否则你只是在传达西方价值观，没有对生态理念做出自己的东西。Original（原创）很重要，王道就是要有它的原创价值。

苏　勇：王道应该是相对于霸道的，您能否给企业经营中的“王道”下一个简单的概念，究竟什么叫王道经营？

施振荣：王道需要力道，也就是要有核心竞争能力。一个组织存在的目的是为社会创造价值，而存在的方法就是要持续创造价值。如何创造价值？要有诱因，因为价值是共创的。所谓共创，最简单地说就是买卖双方共创价值，如果利益不平衡就无法持续。如果卖的没有赚到钱，买的也没有感觉物超所值，这样就没有办法继续。所以是共创价值的过程，利益平衡就变得非常重要。

一个领导人要创造价值，应该考虑到直接、间接、有形、无形、现在、未来等六个维度。实际上，体验是有形还是无形？很难说。触感看起来有形，但它背后有很多理性和感性的存在。价值有时是无形的，是最重要的。所谓王道就是要考虑如何创造价值，保持利益平衡，让大家有一个持续共创价值的机制。作为组织领导人，如果没有创造出更多的价值，企业亏本，就是比较不王道。你在某一个阶段就要检讨，如何通过变革变成王道，同时又要和竞争者作比较，谁比较王道，这都要靠核心竞争能力，要有力道才能行王道。有力道，西方或者资本主义的方法是赢者通吃，而东方就希望共融共存。赢者通吃就有点霸道，为了自己的利益，而不管别人的死活。实际上，竞争力，也就是力道，还是需要的，看谁有实力。还要以德服人，所谓德服，是要考虑到所有利害相关者，天下苍生。王道的利害相关者不只是客户，还包括公司的股东、员工。当然，公司的主管和领导人也是利害相关者，社会、地球也都是，都要去考虑。作为一个领导人，如果只是从有形的价值出发，单纯以赚钱为目标，我认为这条路是走不远的，不会永续，一定要以创造价值为目标，考虑到六面向的平衡。公司没有钱赚，客户可能很满意，因为你在亏本卖给他，但是股东不满意，员工也不满意。员工没有分红，也就没有成就感，成就感是无形价值，这些利益都要平衡，都要考虑到。

苏　勇：所以企业不仅要有实力，而且还要综合考虑到六面向。在整个经营管理过程中，这是不是就是一种我们讲的东方思维？也比较符合我们现在互联网时代的共赢和双赢的理念。

施振荣：这应该属于东方思维。东方思维在过去没有受到管理学的重视，主要理由就是西方的管理学相对有哲理，有长期的经营思维，并且有一套对的方式把它系统化、工具化、案例化，让大家能够学习。所以，西方的武功虽然是二流的，但是练习得很好，在江湖上比拼就没有问题。我们有很好的武功秘籍，但是没有方法去训练和普及，自然就没有办法鼓励大家来利用。所以，我个人认为，把东方的管理哲学系统化、案例化、工具化是非常重要的，尤其是对东方的学者而言。实际上，现在的西方资本主义，包括民主政治都产生了一些盲点，这些盲点有的是利益不平衡导致的问题，是没有办法解决的，也没有办法永续发展。这都是因为领导人没有六面向的观念所导致的，没有重视利益与机制的关系所产生的困境。

苏　勇： 听说您现在正和会计学的刘顺仁教授做有关会计报表东方思维的改造，能不能给我们简单介绍一下这个项目？

施振荣： 现在的会计模式是以西方为主导，这里面的思维，我感觉到它并不太王道，是把所有企业的活动划出一个点和一个区间作为评估标准，而不是六面向的长期的东西。当然，这样会符合很多利益相关者的需求，因为投资人希望能够卖到一个好价格，而不管未来。政府也希望用那个结点来扣税，CEO也想用此来拿奖金，所有的人都这样，就比较容易有标准。但是对于企业经营者来说，如果希望永续经营，这个模式就显得不够健全。我和刘顺仁教授已经合作两年多了，希望提出新的模式，变成新的国际标准。虽然不能彻底改变，但可以用互助的模式再建构一个王道的财务报表，也就是加注一些隐性价值。隐性价值最大的问题是没有办法找到一个标准的Unit（单位）。

苏　勇： 报表上很难精确地反映出来。

施振荣： 这也是很现实的问题。所以，我给刘顺仁教授提出的方法是自己和自己比。因为你知道在隐性价值的方面投入了多少，你所产生的IP、专利、软件，甚至未来的潜力都可以自评。自己和自己在每个时间段来比，应该可以做到。还可以和同行业比，同行业都是在相似的环境下成长的，研发投入和人才培养上的投入是可以做一个比较，帮助经营者掌握更长期的正确方向。我希望能够变成具有王道精神的财务报表，这都是挑战，因为没有人会相信。但是我认为值得由小而大慢慢去推广，信则大家“共襄盛举”。

施振荣先生（左）与苏勇教授合影

苏　勇：是一种工具。

施振荣：工具算是比较死的东西，现在我们提供的是服务，是我们现在的目标。实际上，在2000年的时候，我已经描绘了这个大方向，也提供了很多预算，但因为大多数的预算是来自股票，只是短期利益，没能做长期投资。

苏　勇：没有实现您的想法。

施振荣：我退休以后，公司赚的钱，有的是本业赚的，有的是卖股票赚的，都分红分掉了，大家都很高兴。短期看来都很高兴，但长期就会吃亏，因为没有做长期投资。

苏　勇：您在接班人选择方面有什么标准吗？尤其当企业遇到危机的

时候，是如何选到合适的接班人后交棒给他的？

施振荣：第一次再造的时候没有找到接班人。我是在董事会辞职，董事会再任命我继续担任，所以接班人是我自己。因为要负责任，我认为只有我才能够胜任第一次的再造。第二次再造，当时我还没有退休，但是已经指定了接班人。分家以后的总经理是纬创的林宪铭先生，宏碁是王振堂先生，还有原来明基的李焜耀先生，等于我在准备退休的时候分成了三个子集团。这样做的理由是以内化为原则，让所有你觉得可用的人都有一定的任务。做这个决定之前和财务长也做了沟通，虽然和他们无关，但要征求他们的意见，因为也改变了他们的责任。沟通后再正式竞选接班人，一般接班的模式都像接力赛中的交棒，两个人同时握住棒子，都要有充分的实践。有很多人都不太愿意公布接班人，但我认为要有很好的传承，就要让大家先知道，当事人以及组织内相关的人也都要知道，这是公司的部署。最后第三次，宏碁文化中不太接受空降部队，所以我安排的是和我一起创业的黄少华先生。你要知道没有人愿意被邀请来只做三年的董事长，因为他是和我一起创业，虽然他家里都反对，包括他自己，但被我一票否决。宏碁的这些事情都是以“大我”来考量，而没有私心的成分。

苏　勇：还有一个人叫陈俊圣，听说是被您一眼看中后直接向张忠谋董事长要过来的，是吗？

施振荣：实际上他进台积电前，我就希望他是未来宏碁的接班人，后来发现他第一次就业找到的就是宏碁，但没有被录取。

苏　勇：然后在外面绕了一大圈。

施振荣：2000年年初，我就希望他能来接班，后来知道他要到台积电，当然就不方便和张忠谋“抢”人。我是他们公司的董事，在董事会上会遇到，一起交流。后来，他决定离开台积电，我就赶快打电话问他有没有兴趣来宏碁。当时他刚从台积电出来，和家人到夏威夷度假，我说你在那边好好想一下，他肯定有犹豫，因为挑战还是蛮大的。但我是真心给他一个舞台，他就决定来了，我很高兴。在那个过程中，执行长、董事长没有猜到，媒体报的名单也都是错的。对他来说，宏碁这个舞台是一个难得的机会，能够在这里做出华人企业家应有的贡献。

苏　勇：现在公司员工都是“80后”“90后”，尤其在IT行业。您如何去管理这些年轻人，或者说如何去激发他们的工作热情？

施振荣：时代不一样了，不能让他们有和我们一样的观点，他们有自己的想法。反过来，我们要去了解和认同他们的世界观，不要用过去我们的世界观来看待他们。未来的世界是什么样的，我们既然有经验，就应该分享给他们，从他们的立场和利益出发，给一些无私的建议，比如不要太好高骛远，要量力务实等。因为你不站高，就无法看得远，也就没有愿景，但是你要知道自己条件够不够，做到量力而行，要很务实，一步步达到目的。年轻朋友要有这样的一种思维，有雄心，有愿景，但是要一步一步地前进，而且气要长，不要寻求一步登天。如果是“一步登天”的话，从企业精神来讲，未来摔下来也会很快。

苏　勇：您会经常和公司里的小青年们交流吗？

施振荣：我现在每周开会的对象都是年轻人，三四十岁，四十岁以上的不是很多。现在是要先把这艘大船稳住，让年轻人有一个舞台。企业要永续发展，客观环境在不断变化，你要有一个创新创业的能力。美国在组织内创业很难，机制不是很有效，他们都到外面去创业，其中的10%成功以后，再把它并购回来，复制变大，这是美国的方法。每个人都想要能在内部有创业的机制，但要有一个原则性的方向，领导人不要做太多的决策，但要位高权轻，影响力大，要能够召集大家一起来配合去推动新的事业，这一点不太容易。

苏　勇：您作为大中华地区IT领域教父级的人物，如何看待现在的人工智能、大数据、智慧城市等最新的科技发展？

施振荣：我认为现在才刚刚开始。我四十多年前推广微处理机的时候，当时知道的人还很少，很孤单。现在媒体炒作后，大家知道这是未来。当然，价值机会在那边，记录的人，了解的人，想要去见证的人实际上相对更多，所以值得大家投入，这是未来的机会。但是胜算在哪里呢？我个人认为方向不会错，但气要长，要量力而为，不要投资下去就后继无力，因为成熟的时间还不一定，有的说5年，有的说10年，说不准。像我们在电脑围棋的投入上就比AlphaGo早30年，还准备了100万美元的奖金，那时候都说电脑程序赢不了人脑，现在反过来了。

苏　勇：30年前？

施振荣：1985年，我们举行了国际电脑围棋比赛。

苏　勇：当时觉得人脑肯定比机器厉害？

施振荣：对。第一年的冠军被一位11岁的小朋友拿到。我最近有一篇文章，说的是人工智慧对“死”的东西很厉害，就像过去引擎、机械、电力等，人永远比不过它。现在你再看影像，你比不过人工智慧，要下围棋，也比不过，因为它有一套活的东西。到现在我还在深度学习，在掌握自己的智慧，我等于有很多分身在帮我做很多的事情，从这一点来看，人工智慧在各行各业都有很多发展的机会。

苏　勇：我知道您做了很多的谋篇布局，比如说很早就收购了大数据公司，现在又在游戏的笔记本领域中发展得很好。听说你们一台打游戏的笔记本要卖到10万元，而且卖得还不错。您是怎么样来考虑这些布局的？

施振荣：新核心业务我都不负责了，都是年轻人想出来的。因为最重要的是我们追求的不是量，毛利提升才是我们追求的，有钱赚的产品线才是重要的。所以，过去做了很久的，但没有什么利润的产品，我们就放弃了。实际上，所谓的策略，最关键的是决定不做什么，也是最难决定的。

苏　勇： 放弃就更难了。

施振荣： 最重要的是太低价了，竞争太激烈，毛利太低的我们就不做了。像以前进入美国市场时就是亏本的，我说不做，或少做。兵败如山倒，撤兵是很有讲究的，撤兵撤得不好的话，整个就垮掉了。

苏　勇： 所以可不可以理解为宏基以前关注的是做大，比如说做到全世界第一，现在更加关注的是做强、做好，注重盈利和利润率。

施振荣： 还有未来性，大小并不重要。你有未来，有关联性，就可以间接带动形象，创造价值，带动未来更多的空间，这个反而更重要。

苏　勇： 您和大陆的IT企业家有交流吗？比如说柳传志。

施振荣： 柳传志应该收到了《再造宏基》那本书，整个联想集团也受到了那本书的影响。大陆很多创业家都觉得这本书不错，因为我和一般作者写书不太一样，不会歌功颂德，而是会关注情境和教训。为什么有问题？问题在哪里？采取什么行动？过程怎么样？把这些心得写下来。就个人理念而言，我已经交了那么多学费，如果此路不通，应该让大家知道，分享失败的经验反而比较可行，因为成功的案例是不会重复的，而失败的案例几乎都是重复的。和他们交流还是蛮多的，20世纪90年代和柳传志、张瑞敏，最近几年和雷军都有过交流。

苏　勇： 现在大陆的IT业发展得非常快，但也碰到了一些问题，比如说人口红利在消失等，有了一些挑战，您对大陆的IT行业发展有什么样的建议？

施振荣： 市场越大，创新的舞台也就越大。就像美国之所以领先，是因为那时候的市场是最大的。未来中国大陆市场是一个先天好的客观条件，一定要创新。实际上，科技是以美国为主，但在互联网应用方面，中国大陆已经领先美国了，这也是客观环境。大家的企图心非常好。但是反过来，有了这个客观环境，还要考虑避免太短利的想法。现在全球最好的技术、经营模式、观念等都要消化，内化成中国自己的模式，做出一个既可以在国内市场发挥作用，还可以在国际市场上适用的新模式。登陆权当然在手机，或者是互联网，像联想、PC的外向发展已经是后期了。大家认为PC已经没有了未来，你再发展也不是很重要，但是还有未来的东西。比如国际化，因为国际化除了经济效益，即显性价值以外，还有长期的影响力，这是间接、无形、未来的。现在有的国际人士把中国大陆出口的产品视为一种威胁，不欢迎，要想办法解决这个问题。为此，我在1988年、1989年提出了世界公民的观念。为什么要结合地域？我把自己定位为当地人，不是要去当地占有什么，而是要和他们共创价值，平衡利益。还有一个很重要的就是为当地创造的无形价值，因为它能做主，能有贡献和成就感，这也是它的利益。做起来并不是那么容易，这种理念虽然有一点理想化，但不能放弃理想，要一步一步朝这方面去努力。

苏　勇： 对两岸年轻人创业，您认为不能把创业想得太容易，是吗？

施振荣： 人的潜能是无限的，你要给他一个舞台或者环境，甚至是一种文化。日本为什么从世界第一走到今天，好像不太顺利，就是他们文化上的问题。日本文化中很多角色要一起来，动作很慢，又都很急，弹性不够。虽然有强处，但是面对快速的变化，是吃亏的。很明显，建构一个好的环境，让潜力充分发挥，方向是正确的。现在大陆有很多的政策都是提供给年轻朋友的，但也要想办法让它能够有所区分，再加上市场潜力那么大，资金如此雄厚，泡沫的成分难免会存在。应该让社会和年轻朋友认识到：你不努力，不经过挑战，不克服困难，你就要有所得，那是不可能的。你要好好地走正道，行王道，真正创造六面向的价值，考虑利益平衡，这些都很实际，都要面对。

苏　勇：所以创业的时候还是要考虑到方方面面的情况，不要把事情想得太美好。

施振荣：对。我想年轻人创业很重要的就是要考虑到它对社会创造的价值，尤其是新的价值。你也要考虑到什么时候时机才成熟。所谓时机，也就是客观环境，还有你的条件、能力，时机到的时候你有没有能力去掌握，这都要看得比较远。

苏　勇：是不是可以这样说，要注重天时、地利、人和？

施振荣：我是“好高骛远”的。一个人要站得高，但也要量力而行，脚踏实地，把握住机会。气一定要够长，要有耐心和热忱，要了解客观环境。美国失败的经验被称为“快速的失败”，这点要吸取教训，只要有失败的迹象，就马上变革。因为整个创业的过程是探索从0到1，要有弹性，很务实。

苏　勇：您觉得现在大陆和台湾的科技企业合作的前景如何？现在很多台资企业，尤其高科技企业都到大陆去发展，有的也和大陆的企业成立了合资企业。

施振荣：重点还是王道的思维。大家要真的有共创的机会，如果定位是冲突的话，互信的基础也就没有了，就会变得很难。所以一定要开诚布公，谈清楚如何分工，如何共创价值，利益平衡的理念要一致，我比较喜欢摊着牌打。

苏　勇：我去过苏州的明基公司，明基在苏州发展得不错。

施振荣：做品牌这一部分要结合足够的地缘。项目启动前，我们都和当地的主管干部有充分的交流，共创价值，实现利益平衡。以大陆为例，我们的“新群龙计划”，很多是和当地合作，未来会如何发展，我很期待。理由不只是大陆市场大，人才也够多，你要实现国际化，如果没有利用最好的人才，仗就不好打。有效利用两岸资源，共创价值，做出新的事业，不要自我受限，要对新的机制充满信心，看到未来，追求更大的发展。

苏　勇：请给我们描绘一下您心目中10年后的宏碁集团是什么样的？

施振荣：所谓产业4.0，本身是一个产业，也会影响其他产业，所以希望做出影响整个产业的东西，助攻所有产业转型，并可以提供基数、平台。

苏　勇：您有没有考虑宏碁集团未来的发展，比如说把它做成百年老店？

施振荣：持续贡献比较重要，你要对世界有所贡献。宏碁集团已经不单单以中国人为定位，我们追求的目标是对人类做出贡献。你不能变成一个植物人，缺乏活力，你要活在未来，不断地在活着的时空里做出应有的贡献。贡献的大小不是关键，但是要有意义，所有参与的利害相关者的利益要平衡，“与有荣焉”，大家一起Involve（参与）进来。

苏　勇：所以现在宏碁集团做的就是从0到1。

施振荣：还要如何有效的，用最快的速度变到N。

苏　勇：谢谢您接受我们的访谈！

施振荣：谢谢！

【专家点评】

师法东方哲学的“船长”

刘国华
博士、上海外国语大学国际工商管理学院副教授

确定下来要去台湾地区访谈施振荣先生的时候，同行的所有人都是异常期待，甚至激动的。施振荣先生在华人企业家中是一个特殊的存在，有着至高的地位。他提出的“微笑曲线”可以说是华人企业家中唯一一个受到全球企业界和理论界都认可的理论。所以，施振荣先生不仅对制造业、对台湾地区、对华人企业界具有很强的影响力，而且他还是一位具有世界影响力的企业家。

我们拜访施振荣先生是2017年12月底，那时他过完73岁生日不到一个星期。大约2010年，施振荣先生开始总结他40年来的管理经验，提出了“王道经营”的概念。这个源于东方哲学的理念，与西方强调“霸道”的理念形成鲜明的对比，成为施先生企业管理思想的重要总结。

施振荣先生有着众多的名号，比如“华人创业教父”，也曾被美国《商业周刊》评选为“全球25位最杰出的企业管理者”。但是我在对宏碁集团企业史的研究过程中，感受到他更像一位在惊涛骇浪中能够从容不迫掌舵的“船长”。他领导企业就如驾船，既在乎吃水线以下的隐形价值部分，又看重吃水线以上看得见的显性价值部分；既讲求船体平衡，又讲求船行速度，既有把握航行方向的眼光，又有避开暗礁冰山的能力。这其中引导他驾船的理念，就是源于东方哲学的“王道”思维。

一、对东方哲学的商业思考

施振荣先生出生在中国台湾鹿港，这是台湾地区一个人文荟萃的地方。清乾隆四十九年（1784）确立鹿港为对渡口岸，为台湾对大陆联系的重要门户。在这里，有各种宗教、戏曲，很多民俗也都集中在那个地方，他受此影响至深。在对天人合一、平衡中庸等东方哲学的商业思考中，逐步形成了施振荣先生自己的管理思想。

《易经》可以说是东方哲学的纲领性著作之一。而施振荣先生所提的商业思想来源，里面就有很多《易经》的影子。比如，《易经》里讲："天行健，君子以自强不息；地势坤，君子以厚德载物"，施振荣先生觉得这就是要讲究天、地、人的次序和利益平衡，这对他的王道思想有非常直接的影响。

开始经营宏碁集团的时候，施振荣先生更多还是采用西方的管理方法。但随着他对企业管理的经验越来越丰富，对管理内涵的理解越来越深刻，尤其是他"两度出山、三造宏碁"的经历，让他深深体会到东方哲学智慧的强大。他越来越觉得东方哲学思想里面有一些非常值得去向全世界推广的商业思维。于是，他就很自然将脑海深处的文化基因激发出来，与几十年的管理感悟所得相匹配，整理形成了他的"王道"管理思想。

施振荣先生的父亲过世早，是单亲家庭长大，受母亲的影响很大。母亲从小跟他说："我们来分工，我负责抚养你长大，你就好好地去念书，做一个有用的人。""有用的人"这个母亲的期待，在他心里是一颗很重要的种子。

按照施振荣先生的理解，"有用的人"就是能创造价值的人。他觉得生命的价值就在于不断创造价值，以达到永续的境界。从创造价值到永续的过程中，利益相关者都要因时、因地、因人、因事不断调整，讲求利益平衡，这就构成了其王道思维中"创造价值、利益平衡、永续经营”三大核心理念。

二、“王道”思想的三大理念

“王道”思想出自与施振荣先生相距2500年的孟子。孟子生活的战国时代，诸侯割据，礼崩乐坏，战乱频仍，因此他主张的“王道”，即“以德行政者王”。在孟子看来，实行王道之治就是“保民而王”，就是“乐以天下，忧以天下”。

孟子所谈的是帝王之道，今天施振荣先生提的“王道”则是组织的领导者之道。2008年金融海啸发生后，全球都在不断反省资本主义的发展模式。或许正因为战国时代与当代全球经济发展的状况有其类似之处，施振荣先生才因此提出他的“王道”思想。

施振荣先生认为，东方思想与西方的不同在于：西方更多的机制是赢者通吃，但东方则是共荣共存。他指出，企业领导者必须在不同的时间和空间找到创造价值的方向，建构一个利益平衡的机制。

当然，施振荣先生也非常清楚，资源是有限的，因此竞争是必然的。他提倡的“王道”也讲竞争，但更多的是讲在竞争中谁为整体生态创造最多的价值，谁最能够平衡所有利益相关者，谁更能够永续经营。所以，在竞争中淘汰不王道的对手，他认为也是一种“王道”。

要创造价值，施振荣先生认为是要用共创思维。消费者交易的时候也是利益相关者，而在此之前还有股东、员工、银行、供应商、渠道商，以及社会环境都属于利害相关者。企业应该努力去塑造利益平衡机制，让大家持续在一起合作。随着客观因素的改变，随着所有利益相关者条件的不同，对未来的投入与贡献不同，因此在这个机制里需要不断调整。施振荣先生的“王道”思想讲求利他主义，认为利己可以赢得一时，但利他才可能实现真正永续经营。因此他有一句话叫：“利他才是最好的利己”。整个“王道”思想，永续经营很重要的一个基石。

三、“王道”经营的六个维度

在“王道”思维的三大核心理念指引下，施振荣先生认为一个企业应该通过六个维度的建设，达到价值最大。这六个维度包括显性价值和隐性价值，其中显性价值包括有形、直接、现在；隐性价值包括无形、间接、未来。

为什么要将企业的价值分成显性价值和隐性价值呢？这是施振荣先生从“乾坤”二字得到的启发。从《易经》来说，“乾卦”主显，是显学；“坤卦”主隐，是隐学。两卦不可分割，乃是一个整体，是万物运动最本质的过程。乾卦讲的是一个事物从发生到繁荣的过程，即春生夏长，而坤卦讲秋收冬藏的过程。

在施振荣先生看来，相对显性价值，企业创造的隐性价值更重要。他对此的解释是，西方企业的管理思想中，一直对短期、可见、直接的价值看得过重，造成整个社会的短视。华尔街资本逐利的那一套鸡血工具，就极其短视。因此，他觉得东方哲学中那种强调隐性价值的思维，平衡、阴阳调和的思维应该得到发扬。企业价值应该在六个维度下，做到直接与间接的平衡、短期与长期的平衡、有形与无形的平衡。

从团队凝聚力来说，如果只重视短期利益而无视长期利益，这个团队的凝聚力就很难形成。一些以销售为导向的公司，短期销售业绩可以说是唯一的绩效指标。施振荣先生认为，这类公司时间久了就像老鼠一样，人人厌恶。只有当企业的所有员工都能够认识到他们所做的事业是在为社会创造价值，员工才会更觉得自己做的事情很伟大，而这个组织凝聚力才会更强。任何公司都必须要把长期的、无形的、间接的东西都考虑进来，团队士气才会更高。

在宏碁集团，在设计薪资制度、评估新业务、设立新部门时，都会把隐性的价值部分放进去。作为企业经营者，隐性和显性价值一定要结合在一起，才能够永续经营，创造更大的价值。施振荣退休后，尽管已经很少参加决策。但是他的这种思想还是一直影响着整个公司的决策系统与价值判断。

四、弃子无悔，不断求新

围棋对施振荣先生的影响非常深，他喜欢在围棋里悟道。

下围棋的人知道，有的时候必须要放弃，如果没有把握，就要弃子去争取更多的机会。“认输了才会赢”是施振荣先生在很多场合下说过的话，这对于一个已经功成名就的企业家来说，说出来是需要勇气的。

在我采访宏碁集团的高管万以宁先生时，我问他施先生最重要的管理风格是什么？他告诉我是务实。他觉得施振荣先生今天所有的管理思想都是建立在务实的基础上的。

他觉得务实本身有一个保命的心理，明白该放弃就要放弃的意义。施振荣先生坦言，命和面子都很重要，他们也很顾面子。但是市场很现实，分析结果有时候是为了面子可能要命，这个时候就要选择不要面子。很多企业垮掉，都是因为CEO、董事长的面子问题。

另外，真正的务实还有一点很重要，就是要知道自己的不足，知道有人会比你强，知道有更多的新趋势正在发生，这会影响企业的未来。因为务实，管理者才不会自大，才会有前瞻，会考虑提前布局。

施振荣先生自己会超前体验很多先进的科技产品，这导致他对于趋势的掌握特别敏感。2002年时，他就提出来一个XC的观念，他认为不久PC要变成XC。X是什么呢？是一个未知。现在回头来看，X可能是一台手机，可能是一种可穿戴设备或者是虚拟现实的设备等。当时他还提出了一个概念叫作“微巨”。他认为将来的信息产业会变成像发电厂一样，接上插头就可以用了，这就是一个巨大的平台架构。在这个框架里面，需要有提供各种服务的公司，有各种资料信息中心，这就是微服务。

实际上在2000年之前，施振荣先生就要求布局物联网、智慧云及人工智能了，当时决定马上开始做的就是投资数据中心。在那个时代，数据中心的投资是非常大的，很多人也看不懂。考虑到大数据的安全隐患，宏碁集团又投资了信息安全业务。

从施振荣先生的管理思想中，我们能感受到一位著名企业家对东方哲学、中华文化的自信，并在努力推动东方管理思想的全球传播。全球的华人企业家们，都应该从中得到新的思考。面对如今不确定性的商业环境，回归到东方哲学中，或者可以借助老祖宗的宝贵经验，给我们一盏前行的明灯。在资本主义迅猛发展的一两百年，东方哲学的价值可能还没有充分彰显出来。未来，它除了帮助我们自己之外，也许是世界上很多重大问题的真正解决方案。

施振荣先生办公室摆着一座锃亮的钢雕，一群羽翼丰满的鹅正引颈准备向前飞，为首的鹅王昂首面向鹅群发号施令。雕塑下方有四个字写着“一呼百应”。我们也期待，师法东方哲学的“船长”施振荣先生，用他的“王道”管理思维在未来引领全球的企业管理思潮，成为全球企业都学习的管理大师。

王传福

决胜战略　勇于改变

主 持 人：周健工　上海第一财经传媒有限公司CEO

访谈对象：王传福　比亚迪集团董事长

访谈时间：2018-01-17

访谈地点：比亚迪集团深圳总部

周健工：王董，非常感谢您接受“改变世界——中国杰出企业家管理思想访谈录”栏目组的访谈。从2017年开始，尤其是下半年以来，关于“造车新势力”的话题特别热，不断有在互联网领域和能源领域创业成功的企业家和创业者，还包括一些传统汽车制造领域里比较成功的企业家和创业者，都提出了共同的口号：第一个是新能源，第二个是智能驾驶或者无人驾驶。我记得您进入汽车这个行业应该已经15年了，当年被传统的造车势力认为是一个外来者和潜在的颠覆者，那现在这个时间节点上，您怎么看待这批“造车新势力”呢？

王传福：首先，汽车行业是一个非常典型的传统行业，特别是在燃油车时代，在创新上比起IT行业来说还有很多不足。IT行业的创新给人类社会带来的日新月异的改变是巨大的，它的足迹涉及了每个行业。同样，汽车行业也会受到影响。我觉得这个影响是正面的，会促进汽车行业的发展。IT造车，我个人的看法是，认为这对行业的发展会很有帮助的，但也有它的一些不足，因为汽车和手机不一样。

周健工：我想打断一下，其实大家可能会很不认同您IT造车的说法，他们会认为是人工智能造车，或者是互联网造车、物联网造车，这些是比IT造车听起来更先进的一个名词。

王传福：对，汽车业的复杂程度相对于IT行业来说，其实比想象的要高得多，包括产品周期等，还涉及生命安全，没那么快。比如软件的进步，最多有一个Bug，重新开机，不会影响生命安全，不会有一套法规去界定它。涉及生命安全的，比如说医药，它进步比想象的要慢得多。开发一个新药要经过五年、十年甚至二十年，技术进步是很快的，但要经过一些必要的测试、流程、法规、法律文件等。因为人的健康或者生命如果受到安全的威胁，就要有法令来保护。汽车也是这样，它会涉及生命安全。如果技术不好，比如说自动驾驶技术，就有可能会导致死亡，车厂是没有能力承担的，就需要各种法规来界定。像我们的传统车，每年大概有100多万人死于车祸，从全球看，几分钟就有一个人丧生。如果你的转向、刹车、驱动这三个系统符合法规，那车祸与车厂是没有直接关系的。如果你是自动驾驶，法律问题就变得更加复杂，这时，技术归技术，法规归法规，法规更需要时间。人工智能或者IT造车有它积极的一面，比如创新。但也有它不足的一面，我们对法规，以及对汽车的复杂程度的认识可能要加深。因此，总体来说是好事，但也不会像想象的那么快。

周健工：很多人都把2018年当作新能源车或电动车的元年。其实，中国在这个领域中最有经验的肯定是比亚迪，因为你们做电动车已经十多年了。现在不管是一些造车的新势力也好，或是一些传统燃油汽车厂商也罢，甚至是一些跨国的汽车品牌，都会在2018年大规模进入到这个领域。对于比亚迪来说，您怎么看待这样一种新的竞争态势？

王传福：对汽车行业和老百姓来说都是好事，对比亚迪会有些压力。但是这种压力也会变成一种动力，让自己更加努力，高度小心，认真去研究行业发展，积极跟进。我觉得2018年、2019年、2020年应该是互联网造车的大年，产品可能在2018年、2019年出来，行业活跃度会变得更高，比亚迪已经做好准备接受这个挑战。和别人不太一样，我们有自身的一些优势，比如在整体汽车垂直整合的核心技术等方面掌握得比较深，也推出了一系列的开放平台。诺基亚做了好多年，从曾经在历史上非常具有竞争力的消费产品，到后来的日益萧条，我们获得了很多经验。

周健工：市场份额当时比苹果还多。

王传福：应该说是非常成功的一个企业，这个企业的变动给我们留下了很多思考。不是因为产品品质的问题，也不是管理问题，而是因为战略出现了错误。它使用的是封闭的塞班体系，而不是安卓。我们接受了前辈们的经验和教训，推出了一个汽车行业中的安卓开放体系，日后也会推出一个旋转屏，可以90度旋转，变成竖屏或横屏。因为汽车上横屏会更漂亮，竖屏是一个生态问题，表示了这个汽车手机的生态。我们屏幕一旦可以旋转，就等于把手机的生态也拉过来了，再加上汽车的生态，这是第一。第二，我们2018年9月会举办汽车开发者大会。手机上的传感器最多才13个，但APP大概有几千万个。汽车上的传感器有342个，或者更多，如果从量上讲，它远比手机多得多，其实它的场景比手机也多很多。就因为汽车以前是封闭的，不开放的，唱着安全的高调，比亚迪要打破这一点。2018年9月会在全球开发者大会上开放我们342个传感器，让全球的开发者参与进来，实际上也给很多互联网造车，以及想进入汽车生态里的开发者提供一个平台。你做互联网驾驶或者自动驾驶，我们比亚迪就做执行。我的驱动、转向、制动都可以对你开放，当然我们要签一个免责协议。同样，我们对普通消费者也会开放空调、车门、车控、大灯等所有系统，比如你想开发一个软件，我就可以把钥匙的控制权交给你，把空调的控制器交给你，你可以把你的软件和车连在一起，比如到离车30米的时候，空调打开了，到离车身1米的时候，门打开了，类似于这种软件，我只要把控制权打开，把它开放，开发者就都可以参与。我们觉得很有意义，做了很多年的准备，第一款车应该是我们新型的“秦”，是一个全新的“秦”。

周健工：重新做了一遍。

王传福：对，用的是龙脸。我们请了一个国际团队来设计，就像卖得很好的宋MAX的那个龙脸。这个龙脸现在非常的大气，又有中国的文化。在这个平台上，我们做了一个开放的安卓，开放了342个传感器，我相信会是一个轰动，也是给互联网造车提供便利。我们现在和很多搞自动驾驶的机构、学校、团体合作，他们也愿意开发。原来要买一个车，方向盘要怎么转，刹车怎么转，搞一个马达，你现在完全就是数字化。只要买了这个车，接到我们安卓开放系统，你就可以随便编软件，用数字化控制刹车、转向、驱动。我们希望做出这么一个开放的示范，让全球各路精英来参与汽车的控制，汽车的软件设计，以及汽车的生态建设，这是全球第一，比亚迪应该承担这种责任。

周健工：您这个平台和百度推出的阿波罗平台有什么异同？

王传福：未来百度在很多方面都会和我们合作，我们就是一个实实在在的执行者，车的所有控制权都可以交给你，你可以在上面开发有很高精度的地图和传感器。我们也加了很多的扩展槽，你不需要接很多线，也不需要装很多设备，只是接一些传感器上去就行，很方便。这个平台出来以后，全球的爱好者都会感谢比亚迪，因为我们开放了，定制化了，标准化了，能够施展所有的创新思路。你随时可以调用车中的任何设备，看看车灯有没有打开，雨刮有没有打开，门有没有打开，空调有没有打开，很方便，这是一个颠覆性的。

周健工：现在很多人都非常强调自动驾驶，以及各种各样的功能。
王传福：这就为他们提供了方便。因为我们觉得让传统车企去搞自动驾驶，观念上还是不太开窍，那就为全球最优秀的精英们提供一辆车，以及一个执行机构，由你来控制。

周健工：您就可以把它变成一个自动驾驶的东西。
王传福：只要装上它的软件，我们的车就可以自动驾驶了。

周健工：所以，百度出来一个阿波罗也可以。
王传福：对，阿波罗的软件往上面一装，比亚迪的车就可以自动。

周健工：您不愿意自己做一个自动驾驶的系统吗？
王传福：我们吸取了诺基亚的经验，要开放一点，整合全球IT精英的创新思路，单凭车企是达不到这样的效果的。

周健工：但是有一种说法，未来汽车的价值60%～70%是软件，只做硬件的话，它可能处在价值链的末端，您不担心吗？
王传福：我不担心，因为开放、包容也能够繁荣。比亚迪的强项就是各个零部件，还有整车经验。我们现在就把协议规范好，把各种开发软件做好，给全球的爱好者去使用。这个举动也是经过公司再三讨论后的结果，我们也犹豫过，是不是全部开放，是不是自己干，就像诺基亚一样，我们的塞班系统很好，比安卓要好。其实安卓最开始出来的时候也不好，后来慢慢地不断改进。

周健工：2016年年底以来，市场上推出了几款互联网新能源汽车，像蔚来、小鹏、威马，还有拜腾汽车，您关注了吗？您觉得他们做得怎么样？

王传福：关注了。每一家都各有所长，都不错，很有创新的思路。但是最后能存活的可能就10%～20%，不知道是谁，这就要看后面的发展。但是我们总体认为，汽车行业是需要创新思路的，特别是对于未来的智能汽车来说就更需要。当然，汽车智能的基本条件是要电动化，原来燃油车的控制系统比较简单，但比较慢，只有电动车才能适应。

周健工：这些造车者量产动不动就是20万辆、30万辆，比亚迪做了十几年了，一年也就10多万辆，他们这么大的雄心和野心，在您看来现实吗？

王传福：互联网造车，一开始都看不懂，像互联网行业也是这样的，画一个大饼，一批人去创新，各种风投来投。风投也是一样，不是每个投的项目都能成功，有10%成功的，他们也就赚了。这些团队里总有成功的，总有能够摸到老百姓现在想法的，满足客户需要的，当然也有一些要倒闭的。现在这个条件具备了，智能车一定在电动车的平台上，而不能在燃油车和机械车上，就像我们说在算盘上是产生不了互联网的，它一定是在计算机上。如果当初计算机没有发明出来，仅仅是算盘，就谈不上互联网。同样，一个发动机，一个机械驱动车，或者机械驱动的转向、制动，也产生不了任何的自动驾驶，产生不了太多的智能化，一定是电子控制，这个概念是高度契合的。

周健工：我和这些造车新势力的创业者有比较多的接触，也采访了很多新的汽车厂商，他们都有一个普遍的看法，认为电动车降低了造车门槛。另外一点，他们在相对比较短的时间内就做出一个模型、一个工程车、一个概念。但到了量产阶段，其实是一个很漫长、波折的过程，包括特斯拉到现在还没有彻底解决这个问题。比亚迪在这个领域已经做了这么长时间，而且是垂直产业的整合，这些造车新势力的创业者，有的是用代工模式，有的要建立自己的整车厂模式，那在走向量产的过程中可能会经历哪些挑战？您最有经验，对他们有什么建议？

王传福：坦率地说，我们公司做了很长时间的内部讨论。比亚迪原来也是个高度垂直整合的、封闭的系统，像诺基亚一样，后来决定要开放，要市场化。我们知道互联网的短板，他们缺少的就是执行，是硬件和制造，我们就用我们的强项来补互联网的短板，让他们如虎添翼。

周健工：您的意思是他们没有必要去做代工、整车，就在比亚迪的硬件平台上做就可以了。

王传福：对，在我们的平台上，加上他们智能化的软件，你们卖你的软件，有可能是5万，车可能是10万，那就是15万，你赚你的，我赚我的。我们在各自的强项上耕耘，不是竞争者，而是上下游，协同发展。

周健工：李斌、何小鹏你也别造车了，有这么好的Idea，干脆和比亚迪合作。

王传福：不只是何小鹏，还有很多人找过我们，他们要做一套很复杂的系统，希望用我们硬件的平台，要开放的。他们找过无数厂家，人家都说“NO”，别人怎么会开放呢？不开放的，而且人家零部件也是从别人那里买的，每家的协议又不一样。比如说控制系统是张三的，电机是李四的，转向系统又是王五的，制动系统又是博世的。比亚迪不一样，每个系统都是我们自己深度定制的，而且把接口都标准化，你按照我的代码写就行。因此，我们的战略出来以后，想做互联网造车的企业就省了很多事。当然，你刚才说的还有想做车的外形的，那我可以帮你把里面都做好，电池、电机等，包括所有的执行接入，你把外壳和软件做好就可以了。

比亚迪集团董事长王传福

周健工： 你觉得云轨在未来城市的交通中将扮演什么样的角色？

王传福： 这是一个大的战略。中国的情况和问题很难从国外找到现成的案例和药方，因为没有一个国家有像中国的这种国情，中国的问题一定要自己去解决。拿汽车行业来看，中国人口众多，城市化进度快，国外的城市化可能花了50年，甚至80年才完成，中国也就需要20年。中国人喜欢热闹，喜欢聚在一起，因此，中国的城市化将大规模普及汽车，这两者一叠加，出现的问题在国外是找不到答案的。我们现在就面临这种问题：城市化是全球规模最大的国家战略，而且给人民群众的生活带来了巨大的改善。像一个音乐厅，你没有300万人口，连一个音乐厅都养不起。只有大家聚在一起，才会产生很多基础设施的需要，让生活更方便。另外，汽车的普及化。在大城市买车是有限购的，但在三、四线城市，谁都可以买到车，汽车的增长点也主要在这里，像蚌埠、汕头等，增长率都在15%以上。这是什么概念？五年后，城市的汽车保有量就会翻一倍，马上就会出来“城市病”，空气污染和交通拥堵。空气污染问题可以通过电动车改变，治堵要有新的方法，比亚迪人是有责任的。中国的城市要么限制汽车工业，不让汽车进入家庭，这不可取，要么有其他的解决方法。因为道路的增长是有限的，一年才增长1%～2%，远远跟不上汽车的增长速度。比亚迪通过大量研究，认为一定要建轨道上的城市，而不是汽车上的城市、车轮上的城市，才能彻底解决中国城市化可持续发展的问题。

我们到了东京，看到了一点希望。东京的都市圈差不多有两千万人口，和北京一样大。东京都市圈大概有800万辆轿车，比北京还多300万辆，东京的道路很窄，基本上就是单向两车道，单向三车道、四车道的很少，另外，东京的高速公路也不多。这让我们印象非常深刻，和北京比，东京车多路少，但不堵车，是怎么做到的？我们做了深入研究，东京差不多有400公里的地铁、1300公里的轨道交通，靠轨道交通来支撑东京人出行，同时提高停车价格。通过多种手段，让东京人完全依赖公共交通，依赖公共出行的差不多占到90%。但这样又会不会伤害到它的汽车工业？整个日本的汽车规模还是全球第三，一年也有五六百万辆的汽车消耗量。买车不开车，开车就是周六、周日，周一到周五是不开车的。这种理念伤不到汽车工业，又不影响城市交通。中国要去学习，更要去理解，因为东京90%的出行是公共交通，人的健康又得到了保障。我们研究了一下东京人的平均寿命，大概比中国人的平均寿命长六年。你如果公共出行，一天大概能走15000步，而我们如果开车上下班，一天只能走1500步左右。我们现在吃得这么好，营养过剩，又没有足够的运动，就会出现“三高”和很多心血管病。

周健工：那为什么是云轨呢？东京有很多云轨吗？

王传福：东京的云轨是跨座式单轨，有一部分是多少年慢慢沉淀下来的，还有很多是轻轨，是从大铁路里面走出来的。轻轨有些噪声，相当于把地铁放在空中，只有核心区是用地铁，稍微偏一点的城区还在用轻轨。轻轨周边有100米左右不能住人，因为噪声很大，是以前建的。如果改成云轨，周边100米就都可以盖房子，土地价值就不得了，但是现在很难改变，道路已经形成了。

中国的情况不一样，中国的城市开始建了，可以用地铁加云轨。云轨穿楼而过，因为它没有噪声。既然建地铁太贵，地面又很堵，就只能往空中走。比亚迪就开发了一个中运量的云轨，因为地铁是大运量的，就像人的主动脉，还需要支干、毛细血管，才能把人输送到每个小区。云轨是个很好的解决方案，造价差不多是地铁的1/5，建设周期是地铁的1/3，不占道路面积，在空中，就一根1米3的柱子，我们开玩笑说，像在绿化带上打一条路。现在形成了一股“云轨热”，很多中小城市都愿意通过云轨来改善城市交通，升级城市形象，把城市规划变得更合理。我们经常说手机可以缩短心灵的距离，那轨道交通就可以让人的空间距离变短。城市的边界就是轨道的边界，轨道在哪，城市的边界就在哪。有了轨道以后，城市可以做大一点，效率可以很高，因此我觉得轨道交通或者云轨可以让中国的城市化变得更健康，更可持续。而且云轨还可以补充地铁，地铁是个大运量，云轨是中小运量，让整个轨道交通一体化，协同发展。这个市场很大，我们希望云轨能够再造一个比亚迪。

周健工：云轨的开发模式和地铁有什么不一样？

王传福：两个都是轨道交通，一个是大运量，像我们主动脉，一个是主干或者是支干。不同的场景有不同的需要，像特大型城市，可能地铁多一些，而中小城市，比如说100万～300万的人口，就没必要修地铁。因为地铁一个小时载客量为7万人，一天就可以把整个城市的人们拉一遍，没必要花那么多钱，造价也很高，会增大地方的财政负担。像这样的中小城市，中国差不多有200多个，应该首选中运量的轨道交通，像云轨。同时，云轨可以作为大城市郊区或地铁的临界线，还可以在旅游景区也用作空中游览，像我们在银川花博园建了一条6千米长的云轨，在空中边走边看花，像看花海一样，很漂亮。云轨的前景很好。

周健工：这背后的商业开发模式和地铁有什么不一样？

王传福：现在是BOT（“建设—经营—转让”模式），或者是BT（“建设—转让”模式），建好以后交给政府，或运营三年以后交给政府，还有就是PPP（公私合营模式），相当于社会投资者去开发。云轨的投资低，拿一条地铁线的钱可以建五条云轨线，这样一来，城市就可以建更多的轨道了。而且，建地铁的周期很长，一般要六年左右，云轨也就两年，更有利于增强改善城市交通拥堵的时效性。

周健工：刚才您谈到了城市交通两个最根本的问题：空气污染和交通拥堵。目前，从互联网、物联网、智能出行的角度，出现了一种很流行的概念，叫“智能化大出行”，说未来是共享单车加智能化汽车，再加公共交通，共享出行的一个模式，是高度智能化的大数据，背后甚至是算法驱动的智能出行的大系统。我不知道您对未来城市交通的理解，和这样的概念之间有什么异同？

王传福：这里有很简单的一个数据，比如说一节云轨，可以装150人左右，我们有八节，可以装1200多人。就按照一节算，一节是150人，这150人如果不坐云轨，而要开车的话，就需要150辆车在路面走，能源效率可能差百倍，甚至千倍，因为一台云轨一公里的耗电是1.3度，150辆车开一公里，那耗的能源可能是两个量级或者三个，这是能源效率；在空间效率上，一个云轨大概12米长、3.2米宽，而且是在空中，如果是150辆轿车在路面，它所占的面积大概是云轨的100倍。从能源的利用效率上，云轨节约了99%，空间效率上，也节约了99%，甚至是99.9%。当然，大家可能还不太在乎能源，仅讲空间，我们现在的城市就非常在乎。本来这条路，空中的一辆云轨就可以把150人从A点拉到B

点，如果开150辆车，从A点开到B点，城市会受不了，效率就不是差30倍，而是差100倍、1000倍的关系。互联网精神是提升效率，它使每个节点的效率提升10倍到20倍，我们的云轨现在提升了100倍。因此我相信，拥堵的城市只靠一些大数据提升是远远不够的，需要一种买车不开车，周一到周五依靠公共出行的方式，让我们的城市化更加可持续，彻底解决现在城市的瓶颈，真正满足人民群众过美好生活的愿望。

周健工：比亚迪自己造车，但又倡导公共交通，认为未来城市交通的根本解决还是需要轨道交通，这样的理念在内部的两个业务部门之间会不会造成互搏？

王传福：粗看以为轨道交通代替了私家车，会影响汽车工业。但到日本调研后，我们反而觉得日本的汽车工业还是很大，买车量和汽车保有量都很大。他们都已经进行了财富的二次分配，只能买车了。以前买衣服是为了保暖，破了再买个新的。但当人的财富到了一定的水平后，就要做二次分配，要买一个更大的，10万元、20万元或者100万元的商品，周六、周日要去郊外玩一玩，也需要个性化的发展空间。周一到周五就乘坐轨道交通，周六、周日就进入汽车世界，两者不矛盾，因此我们两个部门之间也不矛盾。

周健工：最近，比亚迪内部管理架构做了一个比较大的调整，建了五大事业部。比亚迪诞生到现在，在企业管理架构的调整上，这次的重要性能不能介绍一下？

王传福：企业小，战斗力强，效率就会高。企业大了以后，会产生一些官僚，大锅饭。我们在发展中也发现这个问题，那就把大锅饭变成小锅饭，以业务中心为单元切成几大块。一是乘用车事业群，做我们所有的轿车、乘用车。二是商用车事业群，像我们10米长以上的交通大巴，已经连续几年做到全球第一，而且在全球差不多200个城市示范运行，还有我们的电动卡车、垃圾环卫车等。三是轨道交通。这个有巨大的增长潜力，不只是在中国，包括“一带一路”上的这些发展中国家，在修地铁负担很重或是承担不起的地方，云轨有很大的空间。

周健工： 现在有这样的尝试吗？

王传福： 有，在非洲的摩洛哥、菲律宾、埃及都已经着手行动了，最近在柬埔寨金边也拉了一条线。

周健工： 已经开建了？

王传福： 已经在谈了，合同签约了。

周健工： 您预计第一个修成的是“一带一路”上的哪个城市？是金边吗？

王传福： 不好说，项目都差不多。因为这个项目比较慢，合同中的条款都要谈。我估计像菲律宾、埃及的这些项目，还有摩洛哥、金边都很快，这是轨道交通产业群。四是电子产业。我们已经有非常成熟的电子产业，比亚迪电子在香港地区上市了，目前主要是给三星、华为、摩托罗拉代工，2017年的业务量有400多亿元，增长速度很快。五是电池，我把电池独立出来。就这么五大事业群，还有一批，我们叫“5+9”，除了5个事业群以外，还有9个独立的零部件。从原来的1个大锅变成14个小锅，相当于14个小比亚迪。因为小，机制就好，我们给每个事业部很大的决策权和管理权限，除了投资是由集团掌控外，其他的都有高度的自营权，让他们独立发展，做好后可以独立上市，上市后给管理人员一些干股，让他们有很好的成长空间，这样我们就会如虎添翼，在管理上做到更好。

周健工： 这样一个管理架构的调整，你们酝酿了多长时间？现在是不是已经完成了？

王传福： 现在已经差不多了，酝酿了有一两年，极大地调动了管理人员的积极性。原来大家都是吃大锅饭，做好做坏差异并不大。但现在不一样了，做得好就是你自己的好了，公司给你利润提成，包括未来上市的干股，自主经营的权力等，完全不一样了。你成了真正的老板，以前只是一个打工的。

周健工：品牌还是统一的吗？
王传福：品牌基本上是统一的。

周健工：我们先谈“5+9”中的“5”，其中有三个都是围绕着交通的。大家一直在想比亚迪是一个什么样的公司，这些年一直在改变。从这五大事业部来看，其实电池很大程度上也是服务于新能源交通的，是不是未来比亚迪公司就是一家提供清洁能源和智能化交通的工业公司和技术公司？
王传福：我们的使命是用技术创新满足人民群众对美好生活的向往，还是强调创新的，这也契合十九大的精神。所有的考核都以利润为中心，对事业部来说，就是以客户为中心，因为利润来源于订单，订单数量取决于产品质量和良好的客户关系，而产品是靠技术、管理，是一条主线，形成螺旋式的成长。

周健工：其实，比亚迪在发展历史上曾经也试图进入过许多其他领域。记得在2010年，巴菲特和比尔·盖茨来的时候，您给他们演示了未来经济或者城市新能源的解决方案，给他们留下了深刻的印象。当时你们的版图非常大，和那个时候相比，现在是不是做了很大的调整？做了哪些减法？
王传福：其实我们在绿色大交通上做得比以前更大了，像轨道交通。在能源结构部分，我们也没有放弃，比如像太阳能。

周健工：光伏还在做吗？
王传福：还在做，我们2016年做了1.6G，虽然业务上是亏损的，但规模上还在增长。我们的储能降低了电池成本，需求也慢慢在起来，实际上和电动车是协同的，这几个领域还在走。

周健工：这些都放到您“5+9”的“9”里面去？

王传福：对。前面五大块还是保持原有的，只是更加丰富一点。我们有些像ALC件（主动车道控制系统）的模组，包括摄像头，已经卖掉了，像座椅的零部件也已经卖给佛吉亚了。我们把弱项或者是不太显著的基本上边缘化了，一些零部件做得好就保存，做得不好可能明、后年就关门了。

周健工：刚才您说投资是集团控制，您会允许某一个业务单元和部门单独去对外融资吗？

王传福：没有，这都是由集团统一来做。

周健工：谈到比亚迪，大家最喜欢谈的话题是说它是一家围绕技术来制订战略的公司。原来一谈比亚迪就会谈到新能源。所有的能源问题都是能源存储问题，正好您的专业又是和电池有关的，现在是不是可以说比亚迪的技术基因还是围绕着电池技术，或者是能源存储？

王传福：应该说从电池起家，再延伸出去。包括我们的商用车、乘用车，以及轨道交通，都和电池分不开的。电池覆盖以后，引申出了一些新的领域，我们迎来了一个很好的契机。能源的消费、大交通的产品都在发生深刻的变化，中国的经济体量也在快速地提升。比如说电动车，我们可能在十年前看到了电动车的势头，而今天看到的就是一场革命，这一点从公交车就可以很明显地看出来。2017年，公交车的规模在9万台左右，现在燃油车产量只占总量的5%了，剩下的95%都已经是电动车，全面电动化了。这个在五年前很多人都想象不到。公交车电动化是比亚迪的战略，后来上升为深圳市的战略，现在变成了国家战略，很快会成为世界战略。从这点上可以预料，中国燃油车的生产和销售在2030年左右会全面电动化。一旦燃油车被电动车替代，中国的能源结构就会完全变化，不再需要进口油，完全自给自足，这对国家的石油安全、能源安全将是一个决定性的影响。我觉得这是当下全球最愿意谈论的话题，我相信由于电动车在公交车上的革命性变化，会推动别的行业和领域发展。如果中国率先实现电动车对燃油车的替代，那中国的产业和能源结构、人民群众的生活都会有巨大的改善。大家都知道，电动车是智能车的基础，基础有了，智能车的发展就更加平稳。我相信，绿色大交通和智能车的发展会带来整个产业的重新洗牌，各零部件的供应方式、能源提供的方式也会完全不一样，这可能是未来几年的一个大主题。到2030年应该会出现很显著的变化，在这个变化中，企业家能不能抓住商机，这是制订未来战略要关注的点。

周健工：电池是比亚迪一项非常核心的业务，也是一个核心的技术。我们知道，国内现在也出现了像宁德时代等公司，它的电池技术这两年发展得非常快。比亚迪从2016年开始决定把电池产品包括技术都对外开放了，除了提供给自己的电动车和相关的产品之外，也提供给其他厂商，这个开放是不是意味着比亚迪在电池技术方面会迎来一次新的发展机会?

王传福：这和刚才说整车342个传感器开放的道理是一样的。汽车行业只有走开放的模式才能够发展，因为手机就是这样，你越开放，发展得就越好，你越封闭，可能就会走诺基亚这条死路。因此，我们一直遵照开放原则。各种零部件，包括电池在内，都走市场化的道路，这对公司改革是极大的提升。我们事业部能够独立，甚至上市，对公司、对行业也都是有好处的。电池在比亚迪发展比较早，早期是封闭了一点，但现在一开放，也会发展得很快。我们现在和全球众多国际客户在洽谈一些新的业务，电池团队的积极性比以往更高，成本也降低。只有开放才知道成本的压力，也可以减少很多麻烦和负担，管理也更加市场化、全球化。

周健工：比亚迪，还有您本人，被认为是非常具有前瞻性的，比亚迪取得的成功和您当初的前瞻性理念相匹配吗？

王传福：应该是匹配的。我们电动车的发展战略在逐步提升，有的提升到国家战略，包括2018年要开放的汽车平台，这个战略估计以后也会被复制、传承、仿效。轨道交通是另外一个大战略，像云轨等。比亚迪做了以后，现在很多像中铁、中铁建、中航等也要去做，因为这个战略是正确的，市场也很大，不是一家能够吃得掉的，要大家协同发展，健康、良性地去竞争。因此，企业家要制订出很好的战略和方向，这样企业才能有进步。我们崇尚技术，技术可以让企业家变得更聪明，眼光变得更远，看得更深，这也是比亚迪的“技术为王、创新为本”的理念。很多企业认为技术就是为产品服务的，与管理无关，与CEO关系不大。我们认为技术首先要为战略服务，因为一个产品的失误，可能造成的损失也就是几千万，或者某一个模具的失误，损失也就几百万，花几个月或者一年的时间就可以调整过来。但如果一个公司的战略失误，耽误的可能是五年、十年，损失十亿、百亿，甚至企业就灭亡了。因此，战略对公司来说是最重要的。比亚迪有一个比较好的技术团队，源源不断地给企业领导人输送技术前沿信息，让企业决策者抓住方向，方向上不犯错，企业就可以处于行业发展中比较正确的轨道上。

周健工：一般来说，技术和战略如果可以很好地结合起来，就能建立起竞争壁垒。您觉得这些年，比亚迪在哪些方面成功建立起了这样的壁垒？

王传福：专利为企业提供了保护，我们有很多专利，特别是新能源领域。过去可能忙于行业发展和参与国家战略，还没有去诉讼我们的竞争者。实际上，现在很多产品都侵犯了我们的专利，最近可能会看到有一些动作，付诸法律手段。另外，产业链上，如果能在行业中领先三五年，那就是一个壁垒，因为三五年太重要了。

周健工：您谈到三五年，比亚迪这么重视技术，您在研发上的布局，是直接服务于产品、商业模式和业务呢，还是提前三到五年去布局，或者更长远？其实研发本身也有一个效率的问题，您怎么把握这个度？

王传福：这就要企业领导人很好去抓住，太早了就变成先驱，要揣度好这个节点。其实，我们有个技术池子，像养鱼一样，需要的时候就拿出来。技术研发是花钱，但也不算太多，企业领导人一定要敢于投资，要舍得投入。像在轨道交通上投50亿元，对一个企业来说不大也不小，但是如果从国家城市化战略和城市可持续发展角度上讲，50亿元就微不足道了，而且投完以后，现在变成“云轨热”了，全国有50个城市来找我洽谈。另外，全世界，包括中国大大小小的城市，公交车1.0版本完成了从燃油到电动化的过渡，解决了污染问题，我们大概在2018年4月会发布2.0版，会让公交变得立体化、轨道化、准时化。因为现在大家一提到公交会觉得挤，不准时，不智能，2018年4月出台的整体战略会让公交更加立体，更加准时，像地铁一样，变成高度的智能，还能实现无人驾驶、刷脸等各种业务。这些战略一定要超前布局，要看到公交现在存在的问题，比亚迪在五年前就已经开始酝酿如何解决这些问题。

周健工：刚才谈到新的技术和产品，很多情况下是后面有风险资本在支撑，可以去砸钱、烧钱。根据我对比亚迪的观察，历史上也发生过，比亚迪如果看好一个业务，也会比较激进地发展。在这个过程中，会不会出现一些管理跟不上的现象？比如说，应收账款会积累很大，怎么处理这样的矛盾呢？

王传福：我们通过把大模块变成小模块来改善管理，很有效，其他的问题就慢慢解决。我们还是坚持一点，技术创新很重要。中国的发展是一个机遇，中国发展中的问题也是个机遇。如果一个企业家能够抓住这个机遇，在解决中国问题的过程中发展自己，就能做到既承担社会责任，又满足股东的需求。比亚迪一直在坚持这一点。

王传福（左）与周健工合影

周健工： 刚才谈到比亚迪正在积累越来越大的专利池，您比喻为一个鱼池，那里面最大的几条鱼是什么？

王传福： 有很多。目前看来，轨道交通是一条大鱼，而且反响非常好。还有一条大鱼就是公交，公交完成了1.0的电动化，现在需要完成立体化，准点、智能、无人驾驶，解决城市化的问题，当然我们还会出来一些新的技术产品。

周健工： 国内这两年对技术的重视已经提到了一个空前的高度，除了制造业之外，很多互联网公司也非常重视技术，包括一些泛IT类的公司，像华为、腾讯，以及其他互联网的巨头阿里巴巴、百度等，甚至一些纯粹做电商和共享出行的公司也都在储备大量的技术人才，尤其是围绕人工智能。在这样的一种态势下，比亚迪怎么看待自己的研发及其人才结构?

王传福：不能把摊子铺得太大，我们只在现有的领域中围绕已有的核心技术去延伸。比如说在电动车领域，这是强项，是有基础的。我们之所以做轨道交通，也是基于可以在电池、电机、电控技术上延伸，可能感觉做轨道交通是跨了领域，实际上产品还是一样，就是一个电动大巴，只是做得要更加可靠，更加有档次，控制技术要求更高，包括我们的公交2.0版本也是一样。这样，我们的产品面就相对集中，有基础又有创新。另外我们给很多厂家做代工，像华为、三星等，有很多IT技术基因在里面，实际上是跨了IT和基建、汽车、轨道等几个行业，会经常创新出很多东西，也就是集成创新，这样的创新更有意义。

周健工：大家一直认为，比亚迪是通过垂直整合来实现较好的成本控制，然后快速切入到新的制造业务领域的。现在，垂直整合带来的问题是相对比较封闭，是不是现在比亚迪在这方面做了一个比较明显的调整和转型，变得更加开放了呢?

王传福：我们看重汽车整个大趋势是开放的，集成的，都是国际配套，只有站在巨人的肩上才能成长起来。我们早期是有一点封闭，但现在是全开放，包括供应链也是开放的、市场化的。轨道交通这一块还是在坚持垂直整合，因为它是一个特殊的行业，和汽车不一样。我们有所为、有所不为，有的是开的、有的是闭的。

周健工：这些年我一直在关注比亚迪，和您做过多次比较深入的访谈，比亚迪在产品、进入的行业，还有战略上都在不断地调整。但是，比亚迪一直在坚持用技术来解决中国经济和城市化发展中遇到的问题，在解决问题的过程中又出现新的问题，再用更创新的技术来解决。在这样的过程中，不断调整战略，获得了企业的持续发展，这种根据实际不断调整战略的做法，比亚迪是一直没变的。我也期待比亚迪在更加开放、更加集成创新、更加国际化的道路上走得更远，迎来自己更大的发展机会，谢谢！

王传福：谢谢！

【专家点评】

比亚迪CEO王传福

——技“术”嬗变，商“理”恒常

顾倩妮
博士、上海工程技术大学管理学院讲师

回首近四十年来中国经济发展的磅礴气势，制造业的崛起是根本。从“中国制造”到“中国质造”，再到迈向未来的“中国创造”。中国制造业的晋级之路，离不开一批有技术梦想、产业报国情怀的技术型企业家，他们用实实在在的努力打破外部技术壁垒，形成核心技术，跻身世界前沿，把技术创新融入中国产业乃至社会发展的文化基因。王传福以电池“作坊”起家创立比亚迪，短短二十余年将其发展成为横跨汽车、新能源、IT等多元领域的产业集团。凭借比亚迪实实在在的商业成功，王传福奠定了自己“技术派”企业家的翘楚地位，更诠释了要实现技术创新引领下的制造业奇迹，必须要有哪些基本策略，如何去变通，又有哪些“常理”需要持之以恒。

一、平台化再造，剑指何处

比亚迪要从封闭走向开放，打造比亚迪版本的智能汽车商业生态系统，这应该是王传福在访谈中最想要对外传递的信息。作为因应汽车行业内外各种造车势力挑战的第一步，比亚迪的智能汽车商业生态系统的起点布局和目标设定有其独到之处。商业生态系统战略涉及三大要素：资源平台、价值创造和管控机制。比亚迪作为生态系统的领导企业，它要先打造一个开放共享的资源平台，以此为基础，生态系统的其他参与者才能协同起来为社会创造价值，而比亚迪也才能真正获得属于它的那一份酬劳。王传福主动提到，比亚迪准备在2018年9月召开首次智能汽车开发者大会，高调推出其“由硬到软”的智能汽车协同研发平台：表层是一个面向各类型智能汽车软件、芯片开发者开放的、内嵌多达342个传感器标准接口协议的软件系统开发平台（安卓软件系统），而核心则是一个全部零部件和传感器端口高度标准化，驱动、转向、制动三大子系统全部电动化的汽车硬件系统开发平台（电动汽车产品）。比亚迪与开发者群体各有分工，由于中短期内智能驾驶、无人驾驶等“软”要素仍面临瓶颈，使得比亚迪可凭借其汽车制造的“硬”核心技术稳稳占据对整个生态系统的领导权和价值增值的大部分。2017年10月设立的比亚迪汽车智慧生态研究院，亦是比亚迪打造汽车移动智能终端，开启全新造车模式的布局之一。

正如王传福所言，比亚迪的智能汽车研发平台化模式极易为其他新能源汽车制造企业所效仿。而由此所导致的“由硬到软”平台化模式的快速普及，将在提升包括比亚迪在内的电动汽车企业对传统燃油汽车企业的结构性优势的同时，形成与互联网造车“由软到硬”平台化模式之间的分庭抗礼之势。王传福的平台化策略高度切合汽车新能源化、智能化这一大趋势，通过改变现有游戏规则，“垂直精确打击”推动传统车企、新能源车企、互联网造车这三股势力的消长起伏。此外，比亚迪早在两年前即已开始对事业架构进行了重整，形成了“五大事业群”（乘用车、商用车、轨道交通、电子、电池）加“九小零部件事业”的新事业格局，以及与之相匹配的管理权限下放。这就使得比亚迪的平台化再造不会止步于新能源乘用车，终极目标是要发展成为以五大事业部为核心平台，包含多个子系统的“多体”商业生态系统。

“兵无常势，水无常形。”比亚迪的平台化举措顺应了互联网新经济时代的共享、协同、共创的大趋势，同时也再次诠释了比亚迪在发展战略上的稳定性，在管理实践中独辟蹊径，形成体现王传福管理理念与风格的三大基础方略。一是技“术”一体。这是向内看的观点，旨在快速形成核心技术并应用之。二是“逆”向颠覆。这着眼于产业格局秩序，将技“术”一体化的破坏力发挥到极致。三是“人”的战术。这是前二者的落脚点，但也因此充满变数。

二、技“术”一体

王传福认为，“管理实际上也是一种技术，产品技术讲究深度，管理技术讲究广度”。这其实是要从企业整体战略的高度来将“技”（产品技术）与“术”（管理技术）化作一体。首先，王传福深谙制造业的竞争归根到底是“技”也就是产品技术的竞争。20世纪90年代比亚迪凭其在电极材料、制造流程等方面的模仿式创新在手机电池行业快速崛起，也因此招致与日本电池厂商的专利交锋，使得王传福认定只有拥有自己的核心技术，才能实现低价、高品质产品的大规模制造，将比亚迪作为后来者的竞争优势最大化。在技术研发上的高强度持续性投入而产生的强大研发能力，成为比亚迪最强劲的核心竞争力。而对攻克核心技术难关的执着与不懈追求，早已固化为比亚迪全体共有的“技术为王，创新为本”技术价值观。然而，如果只是单纯地强调对核心技术的追求，一味推崇所谓的“工匠精神、精品意识”，反倒有置企业于死地的可能。比亚迪的应对之“术”，是千方百计充分调动两种核心资源：第一，在不触碰知识产权保护红线的前提下，大量使用通用技术和非专利技术等“外部资源”，从而大幅度削减研发成本、缩短成品化周期；第二，围绕已有的“内部资源”积累来延展新事业，比如凭借其在电池事业中形成的制造流程创新能力和电池技术储备强势进入汽车行业，而进一步发展出的电池、电机、电控核心技术又为“云轨”产品的推出奠定了技术基础。

三、“逆”向颠覆

王传福善于打破“理所当然”，使得比亚迪屡屡成为行业规则破坏者和新秩序的奠基者。比如在进入电池行业以后，通过大量使用自制专用生产设备、人工替代机器等方法，尽管其产品质量完全可与进口全自动化生产线生产的相媲美，但却将成本降低到了只有日本厂家同类产品的二分之一乃至更低，打破了“必须高价引进国外先进生产设备”的思维定式。而这一次的平台化变革，同样也打破了业界对“智能汽车是以软件平台为核心平台的智能技术”的共识，使得比亚迪占据了携手全球智能汽车开发者共同打造“硬式”智能汽车生态系统的先机。实际上，“逆”向颠覆与技“术”一体是相辅相成的关系。没有技“术”一体所带来的核心技术，再精巧的逆向思维也很难撼动既有的产业秩序；如果没有“逆”向颠覆的“四两拨千斤”，那比亚迪的市场攻势就成了血流千里的当面强攻，正面攻势一旦失利，核心技术的研发也就难以为继。

四、“人”的战术

技“术”一体也好，“逆”向颠覆也罢，最后的落脚点却只能是在“人”上：“比亚迪的成功，事实上是人力资源的成功。”20世纪90年代比亚迪在手机电池制造行业快速崛起，也得益于其独创的“半自动化+人工”的制造模式，也就是坊间所谓的“人海战术”。进入汽车行业以后，比亚迪在延续生产线上的“人海战术”的同时，开始“工程师制胜”，大量从校园招聘工程类毕业生进行内部培养，再投入到核心技术研发、零部件设计开发、专有制造设备设计开发等环节，“多任务并行”来压缩新车研发周期和成本。与流水线和研发战场“人海战术”相匹配的是比亚迪人津津乐道的“家文化”，满足员工需要、一应俱全的生活娱乐乃至教育配套设施。社会经济结构的不断升级使得劳动力成本的攀升早已成定势，而且比亚迪也从原来的后来者变成了聚光灯下的领军者，缺乏原创的追随型研发越来越难为消费者和顾客所认同。而当下比亚迪下定决心要进行的平台化变革，则对如何“用人”提出了更高的要求。在真正开放的研发平台上，知识与信息自由交互，如何管理这背后的“人”来形成有价值的产品或者服务？比亚迪成了不折不扣的新手，“人”的战术无论是其内涵还是外延，都不得不进行改变。

五、未来之挑战

王传福的比亚迪奇迹未来将如何延续？对此我们愿持最乐观的观点。技“术”嬗变，竞争之势跌宕起伏，而企业家所秉持的理念与梦想不常变，也不应变。商“理”恒常，精神战场才是企业家终极考验发生的地方。纵横商场，企业家既应有如军事家般过人的胆略和魄力，又应如哲学家那样具备能够看透世间万物的能力，善于通过把握事物的本质和核心来解决问题。从发展新能源车“治污”，到发展云轨“治堵”，从垂直整合到开放平台，王传福走的每一步棋，都根源于他的报国情怀。用他自己的话来说，就是“如果一个企业家能够抓住这个机遇，在解决中国问题的过程中发展自己，就能做到既承担社会责任，又满足股东需求”。秉持如此的报国情怀与公平务实精神，“技术狂人”王传福的战略眼光和冒险精神具有了社会存在学上的意义，也因此得以引领比亚迪找准认清企业在新时代下的历史使命，在解决社会问题和创造美好生活的过程中开启新征程，迎接来自未来的全新挑战。